資産運用のパフォーマンス測定 [第2版]

ポートフォリオのリターン・リスク分析

アセットマネジメント One [編著]

一般社団法人 金融財政事情研究会

まえがき

　本書は、資産運用のパフォーマンス測定・分析・評価に用いられる数値の計算方法をできるだけわかりやすく説明する参考書として2000年に発行した『資産運用のパフォーマンス測定—ポートフォリオのリターン・リスク分析—』の改訂版です。

　資産運用会社でリターン・リスク等の数値を作成する業務に携わる方々を主な対象として初版を刊行したところ、資産運用会社にとどまらず、さまざまな金融業態の投資関連業務担当者や、個人投資家、資格取得を目指す学習者など、幅広い方々に利用していただくこととなりました。それから20年近く経過する間に、わが国ではGIPS®（グローバル投資パフォーマンス）基準が整備され、システムの高度化によりリターンの日次計算が一般的になるなど環境が大きく変化しました。その結果、本書のなかで時代に合わなくなった箇所が目立つようになったため、このたび改訂版を刊行することになりました。

　本書は、パフォーマンス計算の中心である「収益率（リターン）」と「リスク」の計算方法に重点を置いて書かれています。特に、実務上よく用いられる時間加重収益率の計算とそれに基づく要因分析の方法について紙面を大きく割いています。やや難解な内容も含まれていますが、証券に関する予備知識を前提としていないので、資産運用の分野に初めて足を踏み入れた方でも読みやすいように配慮してあります。

　本書の例題や関連問題は、力試しのテストではなく、あくまで理解の助けとなるように問題形式にしたにすぎません。冒頭の説明→例題→ヒント→解答→参考→関連問題という流れが個々のストーリーになっていることを念頭に置き、初めからいきなり問題を解こうとはせず、順番に読み進めてみてください。ひととおり理解したうえで、あらためて例題の計算問題にチャレンジすることにより、知識の定着を図りましょう。

　本書では、冒頭の説明部分およびヒントの欄に重要な解説事項を示してい

まえがき　　i

ます。必ず目を通すようにしてください。また、参考の欄は、例題を出題した意図や例題の計算結果をいかに分析すべきかについての説明を含んでいます。したがって、問題への正解・不正解にかかわらず、ぜひお読みください。

　本書は、執筆時点でアセットマネジメントOne株式会社の運用リスク管理部に所属する社員が、実務経験をもとに執筆しました。本書の初版刊行にあたっては、宮脇信介氏に刊行のきっかけを与えていただきました。増井克行氏には、本書の各項目に関して草稿段階からさまざまなアドバイスとご協力をいただきました。砺波明子氏には、全ページにわたるチェックをしていただきました。きんざいの西野弘幸氏には初版時に、そして、今回の改訂にあたっては谷川治生氏に大変お世話になりました。この場を借りて厚くお礼申し上げます。

アセットマネジメントOne株式会社

運用リスク管理部

執筆者紹介

池田　律文（いけだ　のりふみ）
運用リスク管理部　シニアマネジャー　［第2章執筆担当］
あらた監査法人第3金融部を経て現職。

砺波　元（となみ　げん）
リスク管理統括部　マネジャー　［第1章～第5章執筆担当］
みずほフィナンシャルグループより出向。
主な著書に『基礎から学べる投資・運用関連数式集』（金融財政事情研究会）、『金融英文700選』（金融財政事情研究会）、『ファンドマネジメント大全』（共著、同友館）。
公益社団法人日本証券アナリスト協会検定会員。

高岡　直子（たかおか　なおこ）
運用リスク管理部　マネジャー　［第5章執筆担当］
年金運用部、運用企画部を経て現職。
公益社団法人日本証券アナリスト協会検定会員。

岩熊　淳太（いわくま　じゅんた）
運用ソリューション部　クオンツ運用担当　ファンドマネジャー　［第3章執筆担当］
運用リスク管理部を経て現職。
公益社団法人日本証券アナリスト協会検定会員。

山崎　陽平（やまざき　ようへい）
マルチマネジャー運用グループ　ファンドマネジャー　［第1章執筆担当］
運用管理部、運用リスク管理部を経て現職。
公益社団法人日本証券アナリスト協会検定会員。

目　　次

第 1 章　収益率の計算　・基礎・

1. 1	収益率の計算	3
1. 2	単利と複利	5
1. 3	収益率のリンク計算	6
1. 4	時間加重収益率	11
1. 5	時価評価と収益率	14
1. 6	為替レートと収益率	17
1. 7	運用報酬（経費）控除後収益率	19
1. 8	単純平均と加重平均	22
1. 9	収益率の単純平均と加重平均	26
1.10	年率換算（単利による計算）	29
1.11	年率換算（複利による計算）	31
1.12	年率換算（1年を超える期間の場合)	36
1.13	収益率の算術平均と幾何平均	38
1.14	現在価値と将来価値	40
1.15	内部収益率（金額加重収益率）	42
1.16	時間加重収益率と金額加重収益率の比較	45
1.17	基準価額収益率	49
1.18	指数（インデックス）収益率	53
1.19	ベンチマークとの比較	55

第 2 章　収益率の計算　・実務・

2. 1	ファンド会計の基礎	61
2. 2	キャッシュフローと収益率	67

2. 3	時間加重収益率 (日次評価法)	69
2. 4	資産別時間加重収益率 (日次評価法)	72
2. 5	日次評価法の比較	78
2. 6	買始めと売切り時の収益率	83
2. 7	時間加重収益率 (修正ディーツ法等)	86
2. 8	簿価・時価・評価損益	91
2. 9	収益計算 (実現損益と評価損益)	94
2.10	実現利回り・総利回り・総合利回り・修正総合利回り	98
2.11	約定ベースと受渡ベース	104
2.12	先物込み収益率	108
2.13	GIPS® (グローバル投資パフォーマンス基準)	111

第 3 章 収益率の要因分析

3. 1	ベンチマークとの比較 (セクター別)	117
3. 2	パフォーマンス要因分析	119
3. 3	セクター別要因分析の計算	123
3. 4	複合ベンチマーク	132
3. 5	複合ベンチマークの累積	136
3. 6	資産別要因分析の計算	138
3. 7	銘柄別要因分析の計算	143
3. 8	要因分析の累積	145
3. 9	要因分析の誤差項	150
3.10	複数のセクターによるセクター別要因分析	154
3.11	複数セクターによる多段階要因分析	158
3.12	上位セクターの影響を除いた多段階要因分析	162
3.13	収益率の為替要因と証券要因	169
3.14	先物効果と為替ヘッジ効果 (先物取引による影響)	173

第 4 章 ポートフォリオ特性値の計算

4. 1 債券のクーポンレートと直接利回り 179

4. 2 債券の最終利回り(単利) 183

4. 3 債券の現在価値 185

4. 4 債券の最終利回り(複利) 187

4. 5 デュレーションの計算 193

4. 6 債券価格の変化とデュレーション 199

4. 7 修正デュレーション 203

4. 8 コンベクシティー 206

4. 9 スポットレートとフォワードレート 208

4.10 イールドカーブ 210

4.11 金利選択効果と種別選択効果 213

4.12 株式のPER・PBR・ROE 220

4.13 株式の配当利回り 223

4.14 株式のスタイル 225

4.15 評価損益と評価損益率 228

4.16 売買回転率 230

第 5 章 リスクの計算

5. 1 分散と標準偏差 235

5. 2 期待収益率と標準偏差 238

5. 3 正規分布 241

5. 4 共 分 散 246

5. 5 相関係数 249

5. 6 ファンドの期待収益率とリスク 254

5. 7 分散投資によるリスク軽減効果 257

5. 8 ファンドの収益率・リスクと正規分布 262

5. 9	リスクの年率換算	264
5.10	回帰分析	268
5.11	ベータ値	271
5.12	リスクの分解	275
5.13	トラッキングエラー	277
5.14	実績トラッキングエラー	281
5.15	リスク調整後収益率	287
5.16	シャープレシオ	289
5.17	インフォメーションレシオ	291
5.18	下方リスクとソルティノレシオ	296
5.19	最大ドローダウン	299
5.20	バリューアットリスク	301

〈計算問題の解答についての注意事項〉

　本書のヒントや解答として記載されている計算式は、金額であれば原則として円単位、収益率であれば原則として%表示で小数第2位まで記載、というように、四捨五入した値を表示しています。答えが%表示のものは、計算式において「×100」を省略しています。

　計算式の途中段階では、表面上は小数第2位までしか記載がない場合であっても、実際の計算は小数第3位以下をもつ正確な数値をもとに計算しています。したがって、見かけ上は式が成立していないことがありますので、ご注意ください。

（例）**1.12**の例題(1)の解答(1)

$9.33 \times 365/730 = 4.66\%$

　この式は、表面上は成立していませんが、9.33という値は、厳密には9.3279…という端数のついた数値であり、端数がついたままで計算を続けると、計算結果は、

$9.3279\cdots \times 365/730 = 4.6639\cdots \doteqdot 4.66\%$

となります。

第1章

収益率の計算

• 基礎 •

ファンドの優劣を比較するときに、どのように考えたらよいだろうか。1つの方法として収益率の比較がある。同じ金額を投資するのであれば、より大きい収益を得るほうが優れている。また、同じプラスの収益を得たのであれば、より少ない投資金額をもとに達成した人のほうが優れているといえる。そこで投資の優劣を比較しやすいように、投資金額1単位当りの収益を数字で表したものが収益率である。

　だが、収益率の計算方法は一意に定まるわけではなく、いくつかの考え方が存在する。それぞれの性質を理解することで用途に適した収益率の算出、そしてより確かな比較・分析が可能となる。

　まず、単利と複利の2種類があることがあげられる。そして、ある期に得られた収益を次の期の投資金額に追加する考え方が、複利計算である。これに対して、得られた収益を現金で受け取り、次の期の投資金額に追加しない考え方が、単利計算である。実務上は特に正確さを重視する場面において複利計算が採用される。

　収益率を計算する場合に、1年当りの収益率に換算する場合としない場合がある。前者を「年率の収益率」、後者を「期間率の収益率」という。

　本書全体を通して最も重要な収益率は、「時間加重収益率」と呼ばれるものである。時間加重収益率の性質は、これと対になる金額加重収益率と比較することで明確になる。その違いとは、投資金額の大きさに左右されるか否かである。金額加重収益率は、投資金額が大きいときに高い収益率を達成すると有利になり、投資金額が大きいときに低い収益率になると不利になる。一方で時間加重収益率は、投資金額の大きさに関係なく各時点の収益率を平等に扱う。そのため、投資金額を自分の意思でコントロールできないファンドマネージャーを評価するには、時間加重収益率を用いるほうが適している。

　しかし、収益率のみからファンドマネージャーの巧拙を判断することは、必ずしも十分であるとはいえない。ベンチマークを設定して比較することで、投資対象全体の動きの影響をできるだけ除いて評価することができる。

収益率の計算

　直近1カ月間にA氏は20,000円、B氏は30,000円の収益を得ることができたとしよう。はたして、この情報だけでB氏のほうが優秀だということができるだろうか。もしもA氏の投資金額が100万円、B氏の投資金額が3倍の300万円だったとすれば、A氏の投資のほうが投資金額に対して効率的だったと考えられる。この効率性を数値で表したものが収益率である。**収益率**は、「**利回り**」または「**リターン**」とも呼ばれる。

　収益率とは、簡単にいえば、ある期間における投資金額1単位当りの収益額のことである（ただし、これは単利計算の場合の話で、複利計算については後述する）。収益率を比較することで、投資金額の異なる運用であっても比較ができる。

 1

　月初に100万円で株式を購入したとする。この株式が月末までに102万円に値上りした場合の値上り益を収益とみなして、1カ月間の収益率を求めよ。

ヒント　収益率＝収益÷投資金額を利用。

解答

　投資金額＝100万円
　収益＝102万円－100万円＝20,000円
　よって、収益率＝20,000円÷100万円＝2％

参考

次のように計算しても、原理は同じことである。

第1章　収益率の計算・基礎・　3

100万円が102万円に値上りしたので、資産は102万円÷100万円＝1.02倍に膨らんだことになる。この1.02のうち、1はもともとあった元本を指すから、1.02－1＝2％。
　すなわち、102÷100－1＝2％という計算式となり、解答のなかの、(102－100)÷100＝2％と同じことではあるが、計算が少し楽である。

　月初に100万円で株式を購入したとする。この株式が月末までに90万円に値下りした。また、月末日に配当が10,000円入った。値上り益および配当金を収益とみなして、1カ月間の収益率を求めよ。

ヒント　例題1と同じだが、収益がマイナスのケースである。これは普通「**損失**」と呼ばれ、収益とあわせて「**損益**」と呼ばれる。

解答

投資金額＝100万円

値下りによるマイナスの収益＝90万円－100万円＝－10万円

配当金による収益＝10,000円

よって、収益率＝(－10＋1)÷100＝－9％

単利と複利

得られた収益を現金で受け取り、再投資をしないか、それとも次の期に投資金額に加算するかによって収益率が変わってくる。前者が**単利**の考え方、後者が**複利**の考え方である。

例題

期初に100万円を預金するとき、次の(1)、(2)のそれぞれの場合に、2年間でいくらの利息収益を得ることができるか。
(1) 年率1％で、単利で計算する場合
(2) 年率1％で、複利で計算する場合

ヒント

1年目に発生した収益(10,000円)が次の年にさらに収益(10,000円×1％＝100円)を生むかどうかにより、(1)と(2)の計算結果に違いが生じる。1年目に発生した収益の影響を受けて、2年目の投資金額が変化する、と言い換えることもできる。この部分を、今後本書では「**収益再投資の効果**」と呼ぶことにする。

解答

(1) 単利の場合、1年目に100万円×1％＝10,000円の収益が得られ、2年目も同様に、100万円×1％＝10,000円の収益が得られる。したがって、2年間の収益は、10,000円＋10,000円＝20,000円

(2) 複利の場合、1年目に100万円×1％＝10,000円の収益が得られ、この10,000円は2年目の投資金額に追加されるため、2年目は、101万円×1％＝10,100円の収益が得られる。したがって、2年間の収益は、10,000円＋10,100円＝20,100円 となる。

収益率のリンク計算

1 ... 3

4～6月の収益率が2％で、7～9月の収益率が3％であったとする。ここで、2期分の通期収益率の数値が知りたい場合、単純に2＋3＝5％といってしまえば大ざっぱな数字はわかる。この考え方は前項での単利計算と同じ考え方であるが、より正確に計算するには前項と同様に複利計算と同じ方法をとるほうが正確である。この方法を本書では「**リンク**」または「**幾何リンク**」という言葉を共通語として用いていきたい。

例 題 ... 1

XX年4月初にA円だった証券をそのまま保有したところ値上りし、4月の収益率は2％、5月の収益率は3％であった。このとき、
(1) この証券の4月末の価格を、Aを用いて表せ。
(2) この証券の5月末の価格を、Aを用いて表せ。
(3) (2)より、4～5月の2カ月間の収益率を求めよ。

ヒント 収益率が2％だったということは、価格が1.02倍に膨れ上がったことを意味する。また、(3)は**1.1**の例題1の計算方法と同じでよい。

解 答

(1) $A \times (1 + 0.02) = 1.02A$ 円
(2) $1.02A \times (1 + 0.03) = 1.0506A$ 円
(3) $1.0506A \div A - 1 = 5.06\%$

参 考 ・・・・・・・・・・・・・・・・・・・・・・・・・・・・・・・・・・・・・・・

この例題では順を追って説明したが、(3)は結局、$1.02 \times 1.03 - 1$ を計算し

たのと同じことである。例題2以降では、この方法を前提に計算練習をする。

例題 2

下表は、あるファンドのXX年4～9月の月ごとの収益率である。これをもとに、次の期間の収益率をリンク計算により求めよ。

4月	5月	6月	7月	8月	9月
1.26%	-2.07%	1.84%	-0.97%	-1.30%	3.14%

(1)　4～6月の収益率

(2)　7～9月の収益率

(3)　4～9月の収益率

ヒント　各期の収益率をr_1、r_2、…、r_nとすると、通期の収益率rは、次の式で求められる。

$$r = (1 + r_1) \times (1 + r_2) \times \cdots\cdots \times (1 + r_n) - 1$$

解答

(1)　$(1 + 0.0126) \times (1 - 0.0207) \times (1 + 0.0184) - 1 = 0.99\%$

(2)　$(1 - 0.0097) \times (1 - 0.0130) \times (1 + 0.0314) - 1 = 0.81\%$

(3)　$(1 + 0.0126) \times (1 - 0.0207) \times (1 + 0.0184) \times (1 - 0.0097) \times$
　　　$(1 - 0.0130) \times (1 + 0.0314) - 1 = 1.81\%$

参考

(3)を計算する際に、(1)と(2)の計算結果を利用して、$(1 + 0.0099) \times (1 + 0.0081) - 1 = 1.81\%$としても、理屈は同じであり、このほうが簡単ではある。しかし、(1)と(2)の計算結果（0.99と0.81）に四捨五入されたものを使うと、(3)を計算するときに誤差が生じるおそれがある。

第1章　収益率の計算・基礎・　7

例題 ⋯ 3

下表をみて、次の二者択一の設問にそれぞれ答えよ。なお、2カ月間の収益率はリンク計算を用いることとする。

(1) ファンドAとファンドBのうち、2カ月間の収益率はどちらが高くなるか。

(2) ファンドBの2カ月間の収益率は、5％より高いか、低いか。

(3) ファンドCの2カ月間の収益率は、－5％より高いか、低いか。

(4) ファンドDの2カ月間の収益率は、1％より高いか、低いか。

(5) ファンドEの2カ月間の収益率は、0％より高いか、低いか。

	1カ月目の 収益率（％）	2カ月目の 収益率（％）	単利による2カ月 間の収益率（％） （参考）
ファンドA	2	3	5
ファンドB	3	2	5
ファンドC	－ 2	－ 3	－ 5
ファンドD	3	－ 2	1
ファンドE	3	－ 3	0

ヒント 単利計算による場合と、複利計算による場合のリンク計算の違いを考える問題。リンク計算の特性上、1カ月目にプラス（マイナス）の収益率であれば、2カ月目の投資金額が大きく（小さく）なるので、2カ月目の収益率は1カ月目に比べて過大（過小）に評価されるため、計算することなく直観的に答えることができる。(5)は、1カ月目に3％勝っても次の月に3％負けると、元には戻らずに元本割れしてしまうことを示している。

いずれも、次の計算式で計算できる。

2カ月間の収益率＝(1＋1カ月目の収益率)×(1＋2カ月目の収益率)
　　　　　　　－1

解 答

⑴ リンク計算の式の掛ける順序を逆にしただけなので、AもBも結果は同じ。

⑵ 収益再投資の効果の分だけ単利計算よりも収益が大きくなるので、5％よりも高い。

⑶ 1カ月目、2カ月目ともに収益率がマイナスであるケース。1カ月目に収益率がマイナスとなり、いったん投資金額が目減りするので、2カ月目の投資金額は単利計算の場合よりも少なくなるため、2カ月目の損失金額はその分少なくてすむ。よって、－5％よりも高い（マイナス幅は小さい）。

⑷ 1カ月目の収益率がプラスで、2カ月目の収益率がマイナスのケース。

　1カ月目のプラスにより、2カ月目の投資金額は増えるので、2カ月目のマイナスによる損失は、単利計算の場合に比べて大きくなってしまう。よって、1％よりも低い。

⑸ ⑷と同様に、0％よりも低い。

参 考

計算による結果は、それぞれ以下のとおり。

A　$(1+0.02)\times(1+0.03)-1=5.06\%$

B　$(1+0.03)\times(1+0.02)-1=5.06\%$

C　$(1-0.02)\times(1-0.03)-1=-4.94\%$

D　$(1+0.03)\times(1-0.02)-1=0.94\%$

E　$(1+0.03)\times(1-0.03)-1=-0.09\%$

─Microsoft Excel を用いて ─

Excelを用いれば、次のような式を組んでおくことにより、プラスかマイナスかに関係なくリンク計算ができる。

	A	B	C	D
1	4 月	5 月	6 月	4 〜 6 月
2	1.26	− 2.07	1.84	0.99

※セルD2の式： = ((1 + A2/100) ＊ (1 + B2/100) ＊ (1 + C2/100) − 1) ＊ 100

また、各セルの表示形式を％表示（Ctrl + Shift + 5 ）にしておけば、式を組む際にいちいち100で割ったり100を掛けたりせずにすむ。

	A	B	C	D
1	4 月	5 月	6 月	4 〜 6 月
2	1.26%	− 2.07%	1.84%	0.99%

※セルD2の式： = (1 + A2) ＊ (1 + B2) ＊ (1 + C2) − 1

掛け合わせる数が多い場合は、**PRODUCT**関数を使うのが便利である。PRODUCT（C1:C3）は、セルC1からC3までの 3 個の数の積を表す。

	A	B	C
1	4 月	1.26%	1.0126
2	5 月	− 2.07%	0.9793
3	6 月	1.84%	1.0184
4	4 〜 6 月	0.99%	1.0099

※セルC1の式： = 1 + B1　この式をC2からC3まで下にコピー。

※セルB4の式： = PRODUCT（C1:C3）− 1

配列を使う方法もある。この場合は、セルB4の式が以下のようになり、C列は不要である。なお、この式を入力するためには、Enterの代わりにCtrl + Shift + Enterキーを押す必要がある。

※セルB4の式： = PRODUCT（1 + B1:B3）− 1

指数関数と対数関数を組み合わせることで、積ではなく和によって求めることもできる。この場合も同様に配列を使う必要がある。

※セルB4の式： = EXP（SUM（LN（1 + B1:B3）））− 1

1...4

時間加重収益率

運用を評価するときに、最もよく用いられる収益率のひとつが**時間加重収益率**である。時間加重収益率の本格的な説明は、第2章で行う。本項は、その導入部分である。前項で練習したリンク計算は、時間加重収益率にのっとった実務において大変重要である。

ファンドA・ファンドBの投資金額および収益が下表のようなとき、
(1) ファンドA・ファンドBそれぞれの7月・8月・9月の収益率を求めよ。
(2) ファンドA・ファンドBそれぞれの7～9月の3カ月間の収益率を時間加重収益率により求めよ。

ファンドA	投資金額（億円）	収益（億円）
7月	10	0
8月	10	1
9月	40	−4

ファンドB	投資金額（億円）	収益（億円）
7月	10	0
8月	40	4
9月	10	−1

ヒント 「収益率＝収益÷投資金額」でよい。実際に計算してみると、ファンドAとファンドBはどの月も同じになる。同じファンドマネージャーが運用したという前提で考えてよい。

また、3カ月分の収益率は、前項で練習したリンク計算で求める。

第1章 収益率の計算・基礎・ 11

解答

(1) 下表のとおり。

ファンドA	投資金額（億円）	収益（億円）	収益率（％）
7月	10	0	0.00
8月	10	1	10.00
9月	40	− 4	−10.00

ファンドB	投資金額（億円）	収益（億円）	収益率（％）
7月	10	0	0.00
8月	40	4	10.00
9月	10	− 1	−10.00

(2) ファンドA・ファンドBともに、

$$(1+0.00) \times (1+0.10) \times (1-0.10) - 1 = -1.00\%$$

関連問題

●時間加重収益率の特徴

例題で、3カ月間の収益合計が、ファンドAが−3億円であるのに対して、ファンドBは3億円である（平均残高は、月日数が同じと仮定すればどちらも同じ）。にもかかわらず、時間加重収益率がファンドAとファンドBで同じだったのはなぜか。

ヒント 時間加重収益率の最も重要な性質に関する問題である。ファンドAとファンドBが同じような条件で運用されているにもかかわらず、収益金額で大きな差が出た理由は、各月の投資金額が異なるためである。ファンドAは、投資金額が少なかった8月に収益率が高かったので、金額的には大きな収益に結びつかなかった。一方、ファンドBは投資金額の大きかった8月に収益率が高かった影響を受けて、収益の金額が大きくなった。しかし、時間加重収益率は投資金額の大きさに左右されない収益率なので、どちらも同じ収益率となる。

時間加重収益率は、ファンドマネージャーを評価するのに最も適した収益率であると考えられているが、その理由がまさにここにある。ファンドマネージャーは、自分の意思で投資金額をコントロールすることができないため、この問題のように、期を通して同じ平均投資金額でまったく異なる収益を生み出したとしても、それはファンドマネージャーの能力とは無関係の要因で生じた差である。時間加重収益率で計測すれば、ファンドAとファンドBの収益率は同じになり、両者の運用能力に差がなかったことを示したことになる。この点については、**1.16**でさらに詳しく説明する。

1...5 時価評価と収益率

ファンドを構成する株式や債券の価格は常に変化している。運用を委託された当初の金額を「**元本**」と呼ぶのに対し、ある時点でのファンド全体の価値を「**時価総額**」と称する。これまで「投資金額」と呼んでいたものは、実は元本であったり時価総額であったり、その場面に応じてさまざまであるが、現在では投資金額を時価総額で考える方法が主流となっている。

下表は、各日付のファンドの時価総額を示している。売買がないと仮定して、時価総額の伸び率を計算することにより次の期間のファンド収益率を求めよ。

（例） 4月1日～10日の収益率：$203 \div 200 - 1 = 1.50\%$
(1) 4月11日～20日の収益率
(2) 4月21日～30日の収益率
(3) 4月1日～30日の収益率

日　　付	時価総額（百万円）
3月31日	200
4月10日	203
4月20日	199
4月30日	201

ヒント 収益率＝（当期末時価総額－前期末時価総額）÷前期末時価総額
　　　　　＝当期末時価総額÷前期末時価総額－1

を用いればよい。

解答

(1) $199 \div 203 - 1 = -1.97\%$

(2) $201 \div 199 - 1 = 1.01\%$

(3) $201 \div 200 - 1 = 0.50\%$

参考 •

1カ月間の収益率は0.50%であるが、これは4月1日〜10日、4月11日〜20日、4月21日〜30日の収益率をリンクしたものと等しくなる。つまり、

$(1 + 0.0150) \times (1 - 0.0197) \times (1 + 0.0101) - 1 = 0.50\%$

が成立する。

例題 💬 2

例題1で、4月20日の時価総額が間違っており、2億400万円に修正されたとする。このとき、同様に次の期間のファンド収益率を求めよ。

(1) 4月11日〜20日の収益率

(2) 4月21日〜30日の収益率

(3) 4月1日〜30日の収益率

解答

(1) $204 \div 203 - 1 = 0.49\%$

(2) $201 \div 204 - 1 = -1.47\%$

(3) $201 \div 200 - 1 = 0.50\%$

参考 •

例題1と同様に、3つの期間の収益率をリンクしたものと等しくなる。つまり、

$(1 + 0.0150) \times (1 + 0.0049) \times (1 - 0.0147) - 1 = 0.50\%$

第1章 収益率の計算・基礎・ **15**

４月20日の時価が上方修正され、４月11日～20日の収益率が高くなったが、その分だけ４月21日～30日の収益率が低くなり、１カ月間の通期では修正前と同じ収益率が保たれることに注目したい。

1.6 為替レートと収益率

本書では国内証券と外国証券を別々に取り上げないが、外国証券の収益率を円ベースで考える場合に**為替レート**が関係してくるという点については、あらゆる場面において認識しなければならない。

月中に売買がないと仮定して、次の表の(A)〜(C)を埋めよ。

	豪ドル建て債券の現地通貨ベースの収益率（％）	円/豪ドルの為替レートの上昇率（％）	豪ドル建て債券の円ベースの収益率（％）
XX年4月	1.22	2.50	(A)
XX年5月	−1.43	(B)	0.88
XX年6月	(C)	−2.12	−1.90

ヒント XX年4月の例をとって考えてみる。

3月末の円ベースの時価総額を1とすると、豪ドル建て債券時価の上昇の影響で資産が1.0122倍に膨らみ、加えて為替の影響で資産が1.0250倍に膨らむことになるため、4月末の円ベース時価総額は、$1 \times 1.0122 \times 1.0250 = 1.037505$となる。よって、円ベースの収益率は3.75％となる。

つまり、以下の式が一般に成立する。

 $(1+$現地通貨ベースの収益率$) \times (1+$為替レートの上昇率$)$
  $= 1+$円ベースの収益率

第1章 収益率の計算・基礎・ 17

解答

(A) $(1 + 0.0122) \times (1 + 0.0250) - 1 = 3.75\%$

(B) $(1 + 0.0088) \div (1 - 0.0143) - 1 = 2.34\%$

(C) $(1 - 0.0190) \div (1 - 0.0212) - 1 = 0.22\%$

例題 2

XX年3月31日および6月30日の円／ドルの為替レートは、東京時間を採用した場合とロンドン時間を採用した場合に、それぞれ下表のようになるという。

	東　京	ロンドン
3月31日	132.100円	133.355円
6月30日	141.000円	138.785円

期中に売買がなかったと仮定して、米ドル建て株式の4～6月の円ベースの収益率が、東京時間の為替を採用すると2.83%になるとき、ロンドン時間の為替を採用すると何%になるか。

ヒント 現地通貨ベースの3月末の時価総額を、たとえば1として考えると、東京為替ベースで計算した円ベースの時価総額は、……というように考えていけば求められるが、例題1でも用いた次の式を用いれば簡単である。

（1＋現地通貨ベースの収益率）×（1＋為替レートの上昇率）

＝1＋円ベースの収益率

為替レートの上昇率の部分が、為替のとり方により2通りある。

解答

為替の上昇率は、東京ベースでは、$141.00 \div 132.100 - 1 = 6.74\%$

ロンドンベースでは、$138.785 \div 133.355 - 1 = 4.07\%$

よって、$(1 + 0.0283) \div (1 + 0.0674) \times (1 + 0.0407) - 1 = 0.26\%$

1.7 運用報酬（経費）控除後収益率

1.1のとおり収益率とは収益額を投資金額で割ったものであるが、収益額・収益率をそれぞれどのように定義するかによって計算結果が変わってしまう。たとえばファンドで保有する現金を収益率に含めないときは、含めるときに比べて投資金額が小さくなるため、収益率はプラスの場合は大きく、マイナスの場合は小さくなる。そのため収益率を利用する目的に応じて、適切な定義を定めることが求められる。

この項では運用報酬（経費）の扱いについて、収益率に含めない場合の計算方法をみていく。

次のデータをもとに、A投資顧問会社およびB投資顧問会社の1年間の経費控除前収益率と経費控除後収益率をそれぞれ求めよ。なお、ここでは投資顧問料と信託報酬を経費とみなし、消費税は考えないものとする。

	A投資顧問会社	B投資顧問会社
投資金額	20億円	10億円
収益	6,000万円	3,050万円
投資顧問料率	元本10億円分について0.42% 他の10億円分について0.27%	0.42%
信託報酬率	0.10%（一律）	0.10%（一律）

解答

経費控除前収益率は、
A：6,000万円÷20億円＝3.00%

B：3,050万円÷10億円＝3.05%

Aの投資顧問料＝10億円×0.42%＋10億円×0.27%＝690万円

Bの投資顧問料＝10億円×0.42%＝420万円

Aの信託報酬＝20億円×0.10%＝200万円

Bの信託報酬＝10億円×0.10%＝100万円

よって、経費控除後収益率は、

A：（6,000万円－690万円－200万円）÷20億円＝2.56%

B：（3,050万円－420万円－100万円）÷10億円＝2.53%

参考 ・・・・・・・・・・・・・・・・・・・・・・・・・・・・・・・・・・・・

経費控除後収益率は、経費控除前収益率から経費率を差し引けば簡単に求められる。A投資顧問会社の平均投資顧問料率は、0.42と0.27の平均で0.345%だから、

A：3.00%－0.345%－0.10%＝2.56%

B：3.05%－0.42%－0.10%＝2.53%

関連問題

●経費控除前と経費控除後の比較

例題のA投資顧問会社とB投資顧問会社は、どちらが優れているといえるか。

ヒント 経費控除前で比較するとBの収益率のほうが高いが、経費控除後で比較するとAの収益率のほうが高くなる。この逆転現象が起きる理由は、平均投資顧問料率が異なるためである。では、なぜAの投資顧問料率は低いのか。それはAの契約元本が大きいためである。スーパーで同じ商品をまとめてパックで買うとお得になるのと同じで、運用委託金額が大きければ運用手数料が割安になる仕組みである。

したがって、経費控除後で考えると、金額の大きいAが有利となり、金額が小さいBが不利となる。経費控除後の収益率で評価されてしまうと、

20

B投資顧問会社はファンドマネージャーがコントロールできない理由で不利な評価を受けてしまうことになる。したがって、運用能力の評価には経費控除前収益率を用いなければならない。

とはいえ、実際に運用委託者の手に渡る収益は経費控除後ベースであるから、資産状況を把握したい場合には経費控除後で考えることになる。経費控除前収益率が運用者の能力を表すのに対し、経費控除後収益率は運用者の貢献度を表すというイメージになる。

なお、時間加重収益率は、経費控除前と同じ概念で計算するのが普通である。これは、そもそも貢献度を示す経費控除後の考え方が、運用能力を示す時間加重収益率とは相いれないためである。

たとえば、前月末時価総額10億円のファンドで、1カ月間に証券の時価がまったく変わらなかったと仮定し、経費のみ300万円支払われたとすると、当月末時価総額は、10億円－300万円＝9億9,700万円である。ここで、収益率の計算式に当てはめて考えると、－300万円÷10億円＝－0.30％となり、時価総額の下落分だけマイナスの収益率となる。しかし、このマイナスの要因はほかならぬ経費であるため、運用能力と関係ない要因で評価されてしまうことになる。そこで、経費が原因で収益率が悪くならないよう配慮しなければならない。

実務的な方法として、経費の金額をキャッシュアウトとして認識すれば、時価総額の減少とキャッシュアウトが結びつき、経費の影響を排除できたことになる。この点については、**2.4**のキャッシュフローの説明を参照。

第 1 章　収益率の計算・基礎・　　21

1.8 単純平均と加重平均

加重平均という概念そのものは学校ではあまり習わないが、実務上は頻繁に登場する。これに対して、普通の計算による平均を「**単純平均**」と呼んで区別している。

下表は、あるポートフォリオが保有する株式の株数および時価単価である。

このとき、時価単価の平均を次の方法で求めよ。

(1) 単純平均
(2) 株数による加重平均

銘柄	株数（株）	単価（円）
A	2,000	1,300
B	3,000	1,000
C	2,000	1,200
D	3,000	1,100
E	10,000	400

ヒント 上記の表のように、どの銘柄をいくらもっているという組合せ、あるいはその明細表のことを「**ポートフォリオ**」という。この問題は、あるファンドが保有している株式ポートフォリオの平均時価単価を求める問題である。

単純平均は、株数に関係なくそれぞれの単価を平等に扱っている。一方、加重平均は、株数が大きい銘柄の単価が高ければその影響を受けて単純平均よりも大きくなり、逆に株数が大きい銘柄の単価が低ければその影

響を受けて単純平均よりも小さくなる。

この例題では、株数が大きい銘柄Eの単価が相対的に低い影響を受けて、加重平均のほうが単純平均より小さくなるはずである。

では、実際に計算してみよう。

加重平均は、株数の構成比によりウェイトづけして求める。

銘柄A〜Eの株数構成比はそれぞれ下表のようになるので、加重平均は

$1,300 \times 0.10 + 1,000 \times 0.15 + 1,200 \times 0.10 + 1,100 \times 0.15 + 400 \times 0.50 = 765$円

となる。

銘柄	株数（株）	構成比
A	2,000	0.10
B	3,000	0.15
C	2,000	0.10
D	3,000	0.15
E	10,000	0.50
合計	20,000	1.00

単純平均は、実は、加重平均の特別な場合と考えることができる。つまり、構成比をすべて0.20ずつと置いて、

$1,300 \times 0.20 + 1,000 \times 0.20 + 1,200 \times 0.20 + 1,100 \times 0.20 + 400 \times 0.20 = 1,000$円

となる。

予想どおり、この場合は加重平均のほうが小さくなることがわかる。

実務的には、次の解答のような計算式で求めるほうが簡単である。

解 答

(1)　単純平均 $= (1,300 + 1,000 + 1,200 + 1,100 + 400) \div 5 = 1,000$円

(2)　加重平均 $= (1,300 \times 2,000 + 1,000 \times 3,000 + 1,200 \times 2,000 + 1,100 \times 3,000 + 400 \times 10,000) \div 20,000 = 765$円

第1章　収益率の計算・基礎・　　23

時価単価に株数を掛けたものが実際の時価金額であることを表にまとめると、次のようになる。

銘柄	株数（株）(A)	単価（円）(B)	金額（円）(A×B)
A	2,000	1,300	2,600,000
B	3,000	1,000	3,000,000
C	2,000	1,200	2,400,000
D	3,000	1,100	3,300,000
E	10,000	400	4,000,000
合計	20,000	765	15,300,000

5銘柄合計の株数は20,000株、5銘柄合計の時価金額は15,300,000円となり、この値を用いて単価を求めると、

15,300,000÷20,000＝765円

となる。この値は加重平均にほかならない。

つまり、加重平均による単価は、銘柄ごとに分けるのではなく、株式ポートフォリオ全体を1個の銘柄としてとらえた場合の単価だということができる。

─── **Microsoft Excel を用いて** ───

まず、合計・平均を計算する関数は、それぞれ**SUM**、**AVERAGE**である。例題については、下記のように求めることができる。

	A	B	C	D	E	F
1	株数（株）	単価（円）	金額（円）		(1)の答え	1,000
2	2,000	1,300	2,600,000		(2)の答え	765
3	3,000	1,000	3,000,000			
4	2,000	1,200	2,400,000			
5	3,000	1,100	3,300,000			
6	10,000	400	4,000,000			
7	20,000	765	15,300,000			

※セルC2の式：＝A2＊B2　この式をC3からC6まで下にコピー。

セルA7の式：＝SUM（A2:A6）

セルC7の式：＝SUM（C2:C6）

セルB7の式：＝C7/A7

セルF1の式：＝AVERAGE（B2:B6）

SUMPRODUCTという関数を使えば、下記のように、1列使うことなく加重平均を求めることができる。ここで、SUMPRODUCT（A2:A6, B2:B6）は、A2×B2＋A3×B3＋……＋A6×B6の意味である。

	A	B	C	D	E
1	株数（株）	単価（円）		(1)の答え	1,000
2	2,000	1,300		(2)の答え	765
3	3,000	1,000			
4	2,000	1,200			
5	3,000	1,100			
6	10,000	400			

※セルE2の式：＝SUMPRODUCT（A2:A6,B2:B6）/SUM（A2:A6）

特定の条件を満たすようなデータのみを対象とする場合には、**COUNTIF**（条件に合う数値の個数を求める関数）、**SUMIF**（条件に合う数値の合計を計算する関数）が有用。たとえば単価1,000円以上の銘柄の株数についての単純平均は、以下のように求めることもできる。

	A	B	C	D
1	株数（株）	単価（円）		2,500
2	2,000	1,300		
3	3,000	1,000		
4	2,000	1,200		
5	3,000	1,100		
6	10,000	400		

※セルD1の式：＝SUMIF（B2:B6,"＞＝1000",A2:A6）/COUNTIF（B2:B6,"＞＝1000"）

第1章　収益率の計算・基礎・　　**25**

1.9 収益率の単純平均と加重平均

　複数のファンドの集合の収益率の計算方法にも決まりがある。たとえば、「貴社が運用するファンドの収益率は平均してどのくらいなのか」と聞かれたとする。わが社は3ファンドを運用しており、収益率がそれぞれ3％、4％、5％だった場合、これらの平均の計算方法にルールがないとすると、各社が都合のよい方法で算出してしまうおそれがある。複数のファンドの集合を「**コンポジット**」と呼び、コンポジットの収益率を求める際は加重平均を用いることが一般的である。

　下表は、わが社が運用する3ファンドの投資金額および収益率である。このとき、3ファンドの収益率の平均を次の方法で求めよ。

(1)　単純平均
(2)　投資金額による加重平均

ファンド	投資金額（億円）	収益率（％）
A	100	3.00
B	100	4.00
C	400	5.00

ヒント　単純平均は、投資金額の大小にかかわらず、各ファンドの収益率を平等に扱っている。一方、加重平均は、投資金額が大きいファンドの収益率が高ければその影響を受けて単純平均よりも高くなり、逆に投資金額が大きいファンドの収益率が低ければその影響を受けて単純平均よりも低くなる。

　この例題で、投資金額が大きい（400億）ファンドCの収益率が相対的に

高かったことが有利に働くので、加重平均のほうが単純平均より大きくなるはずである。

　では、実際に計算してみよう。

　加重平均は、投資金額の構成比によりウェイトづけして求める。

　ファンドA・B・Cの構成比はそれぞれ6分の1、6分の1、6分の4なので、加重平均は、

$$3.00 \times \frac{1}{6} + 4.00 \times \frac{1}{6} + 5.00 \times \frac{4}{6} = 4.50\%$$

となる。

　単純平均は、実は加重平均の特別な場合と考えることができる。つまり、構成比をすべて3分の1ずつと置いて、

$$3.00 \times \frac{1}{3} + 4.00 \times \frac{1}{3} + 5.00 \times \frac{1}{3} = 4.00\%$$

となる。

　予想どおり、この場合は加重平均のほうが大きくなることがわかる。

　実務的には、次の解答のような計算式で求めるほうが簡単である。

解 答

⑴　単純平均 $= (3.00 + 4.00 + 5.00) \div 3 = 4.00\%$

⑵　加重平均 $= (3.00 \times 100 + 4.00 \times 100 + 5.00 \times 400) \div 600 = 4.50\%$

参 考 ・・・・・・・・・・・・・・・・・・・・・・・・・・・・・・・・・・・

「収益率は収益を投資金額で割ったものである」という点を考え合わせると、例題の表は次のようになる。

ファンド	投資金額（億円）	収益（億円）	収益率（％）
A	100	3	3.00
B	100	4	4.00
C	400	20	5.00
計	600	27	4.50

第1章　収益率の計算・基礎・　27

３ファンド合計の投資金額は600億円、３ファンド合計の収益は27億円となり、このベースで収益率を求めると、27÷600＝4.50%となる。この値は加重平均にほかならない。

　つまり、加重平均による収益率は、ファンドごとに分けるのではなく、３ファンド全体を１ファンドとしてとらえた場合の収益率だといえる。

年率換算（単利による計算）

ここからは、収益率の**年率**換算の方法について説明する。

前項までの収益率の計算方法は、年率換算をしていなかった。つまり、1日ならば1日、1カ月ならば1カ月、2カ月ならば2カ月当りの収益率を求めていたことになる。

1.1の例題1を思い出してみよう。100万円の株式が1カ月間に20,000円の収益を生み出したので、収益率は2÷100＝2％という計算であった。しかし、もしも1カ月に20,000円ずつ1年間にわたって収益を得たとすると、収益の合計は24万円となり、分母は100万円のままなので、収益率は24÷100＝24％となる。これが年率の収益率である。これに対して、2％という答えは「**非年率**」あるいは「**期間率**」と呼ばれる。

上記の計算は大ざっぱだが、実際には、年率換算には単利計算と複利計算がある。この項では単利計算について説明する。

下表は、収益率を期間率（非年率）で表したものである。

	期間率（％）
4～12月	5.00
1～3月	3.00
4～3月	8.15

これをもとに、次の(1)～(3)の期間の収益率を単利で年率換算した値を求めよ。

(1) 4～12月：日数は275日

(2) 1～3月：日数は90日

(3) 4～3月：日数は365日

ヒント 年率にする場合は、それぞれの期間率に365／日数を掛ける。年度の場合の年率換算は、365/365＝1を掛けることになるので、期間率と年率は等しくなる。

解 答

(1) $5.00 \times 365 \div 275 = 6.64\%$

(2) $3.00 \times 365 \div 90 = 12.17\%$

(3) $8.15 \times 365 \div 365 = 8.15\%$

参 考 ・・・・・・・・・・・・・・・・・・・・・・・・・・・・・・・

この例題では、あえて1年間を365日とする前提をつけたが、うるう年の場合は、たとえば(2)の日数が91日で(3)の日数が366日となり、計算方法は下記のように2通りある。

（方法1）

(1) $5.00 \times 365 \div 275 = 6.64\%$

(2) $3.00 \times 365 \div 91 = 12.03\%$

(3) $8.15 \times 365 \div 366 = 8.13\%$

（方法2）

(1) $5.00 \times 366 \div 275 = 6.65\%$

(2) $3.00 \times 366 \div 91 = 12.07\%$

(3) $8.15 \times 366 \div 366 = 8.15\%$

1 ... 11

年率換算（複利による計算）

この項では、年率換算の**複利**計算について説明する。

今日1日の収益率が1％だったとする。もしも、明日以降もずっと毎日同じ1％が続くとすると、1年間の収益率はどうなるだろうか。リンク計算に従えば、$(1+0.01)\times(1+0.01)\times\cdots\cdots$というように365回掛け合わせて、最後に1を引けばよい。この考え方が、複利の年率換算である。**1.3**で説明した収益率のリンクと同様で、収益再投資の効果の部分が単利の収益率とは異なる。

例 題 ... 1

(1) 1日当りの収益率が毎日必ず0.10％であるとして、1年間（365日）の収益率を複利計算で求めよ。

(2) XX年1月1日〜1月10日の10日間の収益率が、期間率で5％だったとする。毎日の収益率が一定だと仮定すると、1日当りの収益率は何％になるか。

(3) (2)のとき、XX年1月1日〜1月10日の10日間の収益率を複利で年率換算した値を求めよ。

ヒント 複利計算では、1日当りの収益率rとすると、1年当りの収益率は、$1+r$を365回掛け合わせて最後に1を引くので、

1年当りの収益率$(1+r)^{365}-1$

で表せる。これを逆算して用いると、n日当りの収益率がrのとき、

1日当りの収益率$(1+r)^{1/n}-1$

となる。この2つを組み合せると、n日当りの収益率がrのとき、

1日当りの収益率$(1+r)^{365/n}-1$

第1章 収益率の計算・基礎・ 31

となる。これがそのまま複利の年率換算の式になる。

年率換算の問題は(3)であり、(1)と(2)はそのヒントである。

普通の電卓では計算できないので、関数電卓か表計算ソフトを利用すること。

解答

(1) $1.001^{365} - 1 = 1.4403 - 1 = 44.03\%$

(2) $1.05^{1/10} - 1 = 1.0049 - 1 = 0.49\%$

(3) $(1 + 0.0049)^{365} - 1 = 5.9348 - 1 = 493.48\%$

参考

この例題では、年率を計算するのに2段階に分けて考えたが、一度に計算する式は、

$1.05^{365/10} - 1 = 493.48\%$

となる

例題 2

1.10の例題と同じ条件で、(1)〜(3)について複利で年率換算した値を求めよ。

ヒント

例題1のヒントを用いて、期間率がrのとき、

年率 = $(1 + r)^{365/n} - 1$

となる。

解答

(1) $(1 + 0.05)^{365/275} - 1 = 1.0669 - 1 = 6.69\%$

(2) $(1 + 0.03)^{365/90} - 1 = 1.1274 - 1 = 12.74\%$

(3) $(1 + 0.0815)^{365/365} - 1 = 1.0815 - 1 = 8.15\%$

参 考 ・・・・・・・・・・・・・・・・・・・・・・・・・・・・・・・・・・・・

　この例題では、きちんと日数を計算しているが、月単位で年率換算する方法もある。(1)の例では、年率換算は9カ月を12カ月に拡張させることを意味する。

　(1)　$(1+0.05)^{12/9}-1=1.0672-1=6.72\%$

　(2)　$(1+0.03)^{12/3}-1=1.1255-1=12.55\%$

　(3)　$(1+0.0815)^{12/12}-1=1.0815-1=8.15\%$

となる。

関連問題　1

● 年率換算の単利と複利の比較

「収益率がプラスのときは、複利で計算するほうが年率の値が大きくなり、収益率がマイナスのときは、単利で計算するほうが年率の値が大きくなる」といった人がいた。これは正しいだろうか。

ヒント　　間違いである。収益率がプラスでもマイナスでも、複利計算のほうが値が大きくなる。

　1.10の例題と本項の例題2の答えを見比べてもわかるとおり、プラスの場合は明らかに複利計算の年率のほうが大きい。

　これは収益再投資の効果の分である。

　また、マイナスの場合も、下記の例のように複利のほうが大きい。これは、**1.3**の例題3の(3)と同じ理由で、やはり収益再投資の効果によりマイナス分が薄められた結果である。

　90日間で－3％の場合、

　　単利の年率は、$-3.00\times365/90=-12.17\%$

　　複利の年率は、$(1-0.03)^{365/90}-1=0.8838-1=-11.62\%$

第1章　収益率の計算・基礎・　　33

関連問題　2

●年率か期間率か

収益率の数字を報告する場合には、年率と期間率のどちらのほうがより適切かを答えよ。

（ヒント）　プロ野球で、A選手の今期の打撃成績が400打数120安打で、打率がちょうど３割だとする。一方、B選手はまだ２回しか打席に立っておらず、２打数１安打で、打率５割だからといって、A選手よりも優れているなどの議論はできない。なぜならB選手の打数が少なすぎて、１年間フル出場して５割打てる証明にはならないからである。しかし、一方、C選手の成績が380打数119安打で、打率３割１分３厘とすると、A選手よりは安打数こそ少ないが、打率は上回っており、A選手よりも優秀であるということはできる。C選手の打数は十分多いので、打率が彼の年間の平均的（＝アベレージ）な「ヒットを打つ可能性」を物語るに値するのである。アベレージを語るのに最低限必要な打数を明確にするために、打撃ランキングには「規定打席数」が設けられている。

　収益率の話に戻ろう。収益そのものを分子とした非年率の収益率は、安打数と同様に０から積み上げていくものであるが、年率換算した収益率には打率と同じような「アベレージ」の概念が含まれている。

　４月にたまたま株式市場が急騰し、自分が運用する株式ポートフォリオもその恩恵を受けて月間で６％の収益率を得られたとする。これを年率換算して、年率72％（複利計算ならばなんと101.22％）と計算しても、まったく意味がない。今年度１年間に同じだけ時価が上昇する確率などゼロに等しく、今年度の株式の収益率が101.22％などという話には現実性がないのである。

　しかし一方、現金の収益率がここ数年0.1％付近で安定しており、今年度は現在６カ月が終わった時点で0.04％だとすると、今年度ははたして例年並みの収益があげられているのかを考えた場合に、まだ年度の途中なの

で単純に0.1%と0.04%を比較することはできないため、0.04%を年率換算する意義が生まれる。単利計算ならば0.04×2＝0.08%となり、例年のペースと比べればやや低いことがわかる。

　このように、なんでもかんでも年率換算すればいいというわけではない。実績レポートの数字を読む手助けとなる場合もあるが、むしろ誤解を招く場合が多いので要注意。

　以上のように、年率換算によって、期間率表示のときには考えなかったような問題点がいろいろ生じることになる。ただし、たとえば年度末に決算のあるファンドの場合には、どのような換算方法であれ、年度末の決算日がきた時点で期間率と年率が等しくなり、それまでの計算上の損得は相殺されるので、あまり気にしなくてよい場合も多い。

━Microsoft Excel を用いて ━

　Excel上で、**べき乗**を表す記号は「＾」である。

　2の3乗は、2^3

　1.0003の365乗は、1.0003^365

　1.05の365/275乗は、1.05^（365/275）

　となる。この記号は、＋－×／よりも優先されるので、かっこの付け方に注意。

	A	B	C
1	8	1.115702	1.066901

※セルA1の式：2^3

　セルB1の式：1.0003^365

　セルC1の式：1.05^（365/275）

第1章　収益率の計算・基礎・　　**35**

1…12

年率換算（1年を超える期間の場合）

　1年未満の期間の収益率を年率換算するということは、「もしも過去の実績と同じ収益率で将来も運用できたら」と仮定する話であった。これに対して、1年を超える期間の収益率を年率換算するということは、単に過去の実績を1年当りに平均化するにすぎない。年率換算の単利と複利の違いは、次項で説明する算術平均と幾何平均の違いを意味する。

　1年目の収益率が4.58％、2年目の収益率が4.54％のとき、1年間の日数を365日と仮定して、
(1)　2年間の収益率を年率（単利計算）で求めよ。
(2)　2年間の収益率を年率（複利計算）で求めよ。

ヒント　単利と複利の計算式そのものは、前項までの方法と同じである。

解答

　年率換算前では、$(1+0.0458) \times (1+0.0454) - 1 = 9.33\%$
(1)　単利で年率換算すると、$9.33 \times 365/730 = 4.66\%$
(2)　複利で年率換算すると、$(1+0.0933)^{365/730} - 1 = 4.56\%$

関連問題

● 1年を超える期間の収益率を年率換算する場合の、単利と複利の違い
　1年を超える期間の収益率を年率換算する場合は複利計算がよい、といわれる理由を答えよ。

ヒント　この例題で、単利計算で年率換算すると4.66%で、この数字は1年目よりも2年目よりも大きく、実態に合っていない。これに対して、複利計算では4.56%で、ちょうど1年目と2年目の間におさまっているので矛盾が生じない。

　収益再投資の部分を考慮した複利計算のほうが厳密な計算ができる点については繰り返し説明してきたが、このように、1年を超える期間の収益率を年率換算する場合には複利計算の長所がはっきり表れることが多い。次項の幾何平均も参照。

1...13 収益率の算術平均と幾何平均

　縦4cm、横9cmの長方形と面積が等しい正方形の1辺の長さは6cmである。

　この場合の6を、4と9の「**幾何平均**」という。これに対して、4と9を足して2で割った単純平均のことを「**算術平均**」という。

　収益率計算の場合はやや事情が異なり、収益率に1を足した状態（これを「粗収益率」という）の幾何平均を求める。

　幾何平均による収益率は、収益再投資の部分を考慮した収益率なので、より正確といえる。よって、複数年間の収益率を年率で表現する場合は、幾何平均が優れている。

 1

　1年目の収益率が4%、2年目の収益率が9%のとき、2年間の収益率（年率）を算術平均および幾何平均で求めよ。

ヒント　幾何平均rを求める意味は、1年目も2年目もrである場合の2年間の収益率と、1年目が4%で2年目が9%である場合の2年間の収益率が等しくなるようなrの値を求めることを意味する。

　式で表すと、

$$(1+r)^2 = (1+0.04) \times (1+0.09)$$

　これを解いて、

$$r = \sqrt{1.04 \times 1.09} - 1$$

解答

　算術平均 = $(0.04 + 0.09) \div 2 = 6.50\%$

幾何平均 = $\sqrt{1.04 \times 1.09} - 1 = 6.47\%$

幾何平均は算術平均に比べて小さい値をとることが数学的にわかっている。

幾何平均と算術平均の違いは複利の利息部分を表す。つまり、幾何平均のほうが算術平均より値は小さいものの、2年間の利回りに割り戻したときに収益再投資の効果が働いて、結局、算術平均の2倍に等しくなる。

―Microsoft Excel を用いて ――――――――――――

Excelで平方根を計算する関数は**SQRT**である。または、平方根が2分の1乗であることを利用すれば、次の方法でも計算できる。

	A	B
1	3	1.732050808

※セルB1の式：=SQRT（A1）
　または、表示の方法としては、
　=A1^0.5

現在価値と将来価値

　同じ10,000円でも、いますぐにもらえるのと1年後にもらえるのとでは、ありがたさが違う。金利を年利1％とすると、10,000円を1年間銀行に預けておくと100円の利息が得られるので、同じもらうのならば、いますぐもらう10,000円のほうが価値がある。言い方を変えれば、いますぐ10,000円をもらうのと、1年後に10,100円をもらうのとは、価値が等しいことになる。

　金額加重収益率（内部収益率）を計算するための準備として、このような**現在価値**と**将来価値**の考え方は欠かせない。

金利を年利1％として、
(1) 100万円の1年後の将来価値を求めよ。
(2) 100万円の2年後の将来価値を求めよ（複利計算を用いること）。

ヒント　A円の1年後の将来価値は、年利rとすると、A(1＋r)円となる。
　1年後にA(1＋r)円の場合の2年後の将来価値は、
　　A(1＋r)×(1＋r)＝A(1＋r)^{2}円となるので、
　A円の2年後の将来価値は、A(1＋r)^{2}円となる。
　これを繰り返せば、A円のn年後の将来価値は、年利rとすると、A(1＋r)^{n}円となる。

解答
(1)　1,000,000×1.01＝1,010,000円
(2)　1,000,000×1.01^2＝1,020,100円

例題 ··· **2**

金利を年利 1 %として、

(1)　1 年後に受け取る100万円の現在価値を求めよ。

(2)　2 年後に受け取る100万円の現在価値を求めよ（複利計算を用いること）。

ヒント　現在価値の計算は、将来価値の計算の逆算と考えればよい。1 年後に受け取るA円の現在価値は、年利rとすると、

A/$(1 + r)$ 円となる。

n年後に受け取るA円の現在価値は、年利rとすると、

A/$(1 + r)^n$円となる

解答

(1)　$1,000,000 \div 1.01 = 990,099$円

(2)　$1,000,000 \div 1.01^2 = 980,296$円

例題 ··· **3**

金利を年利 3 %として、1 年後に10万円、2 年後に20万円受け取れる証券の現在価値を求めよ。

ヒント　金利がなければ、証券の現在価値は将来受け取る金額の和、つまり$100,000 + 200,000 = 300,000$円となるが、金利があるので、割り引かれる利子の分だけ現在価値は小さくなる。

解答

$$\frac{100,000}{1.03} + \frac{200,000}{1.03^2} = 285,607円$$

第 1 章　収益率の計算 • 基礎 •　**41**

1...15

内部収益率(金額加重収益率)

ここまでは、収益率=収益÷投資金額という最も簡単な計算を行ってきた。本項では、前項の内容を利用して複利計算の収益率を求める方法を説明する。

現在価値と将来価値がわかっていれば、金利を逆算することができる。これとまったく同じ要領で、当初の投資金額と、投資によってこの金額がいくらに変化したかがわかれば、収益率を計算することができる。このようにして求めた収益率を「**内部収益率**」または「**金額加重収益率**」という。

当初の投資金額を1億円、1年目の収益を200万円、2年目の期初に投資金額が1億円追加され、2年目の収益を306万円とするとき、2年間の金額加重収益率(内部収益率)を年率で求めよ。

ヒント 1年後の時価総額は、1億+2,000,000=102,000,000円
2年後の時価総額は、
102,000,000+1億+3,060,000=205,060,000円
この場合、「現在」を1年目の期初として、
(当初の投資金額1億円)+(2年目の期初に追加された1億円の現在価値)=(2年後の時価総額2億506万円の現在価値)
という等式が成り立つような収益率を求めればよい。
また、同じことだが、「将来」を2年後として、
(当初の投資金額1億円の将来価値)+(2年目の期初に追加された1億円の将来価値)=(2年後の時価総額2億506万円)
という等式が成り立つような収益率を求めてもよい。

解 答

　求める収益率をrとすると、

　1年後の1億円の現在価値は、100,000,000/（1＋r）円

　2年後の2億506万円の現在価値は、205,060,000/（1＋r)^{2}円

よって、

$$100,000,000 + \frac{100,000,000}{1+r} = \frac{205,060,000}{(1+r)^2}$$

ここで、1＋r＝Rとして、両辺にR^{2}を掛けて整理すると、

　10,000R^2＋10,000R－20,506＝0 ･････①

これを解いて、

$$R = \frac{-10,000 + \sqrt{10,000^2 + 4 \times 10,000 \times 20,506}}{2 \times 10,000} = 1.0168$$

よって、

　r＝R－1＝1.68%

参 考 ･･････････････････････････････････････

　解答では2次方程式の解の公式を用いたが、これは収益率の測定期間が2年だからである。3年以上になると、3次以上の方程式を解くことになるので、実務的には手計算では不可能になる。

　これに対して、近似値で求める方法がある。

　上記①式の左辺のRに1.01を代入すると、

　　左辺＝－205

　また、同様にR＝1.02を代入すると、

　　左辺＝98

　実際には、この左辺が0に等しくならなければならないので、Rは1.01と1.02の間にあることがわかる。

　次に、R＝1.016を代入すると、

　　左辺＝－23.44

R＝1.017を代入すると、

左辺＝6.89

これを繰り返すと、Rは1.01677と1.01678の間にあることがわかる。

よって、rを小数第2位まで表すと、r＝1.68%

━Microsoft Excel を用いて ━

Excelには**ゴールシーク**という機能があり、これを用いれば、上記参考のような反復計算を自動的に行える。

	A	B
1	－205	1.01

※セルA1の式：B1＊B1＊10000＋B1＊10000－20506

この状態で「データ」タブ－「What-If分析」－「ゴールシーク(G)」を選択。以下のように指定し、実行すると、セルB1が方程式の解に変化する。

数式入力セル：	A1
目標値：	0
変化させるセル：	B1

	A	B
1	0	1.016773

時間加重収益率と
金額加重収益率の比較

1...16

　時間加重収益率は、投資金額の大きさの影響を受けない収益率であるのに対して、金額加重収益率（内部収益率）は、簡単にいえば、投資金額の大きいときに大きい収益を得ると収益率がより高くなるという特徴をもっている。この点を具体的な計算例で確かめてみたい。

例題 …

　ファンドマネージャーのA氏は、投資金額1億円を運用し、1年目に20％、2年目に10％の収益率を得た。一方、ファンドマネージャーのB氏は、同様に投資金額1億円を運用し、1年目に20％の収益率を得た。2年目の初めに投資金額が1億円追加され、2年目には10％の収益率を得た。このとき、

(1) A氏とB氏の2年間の収益率（年率）を、それぞれ時間加重収益率により求めよ。なお、年率換算は複利計算を用いよ。

(2) A氏とB氏の2年間の収益率（年率）を、それぞれ金額加重収益率により求めよ。

ヒント 時間加重収益率（複利の年率換算）の計算方法については、**1.11** を参照。金額加重収益率の計算方法については、**1.15**を参照。

解答

(1) A氏・B氏とも式は同じで、
$$\sqrt{1.2 \times 1.1} - 1 = 1.1489 - 1 = 14.89\%$$

(2) A氏の場合は、
2年後の時価総額は、$100{,}000{,}000 \times 1.2 \times 1.1 = 132{,}000{,}000$円

第1章　収益率の計算・基礎・　　**45**

求める収益率をrとすると、

2年後の1億3,200万円の現在価値は、132,000,000/$(1+r)^2$円

よって、

$$100,000,000 = \frac{132,000,000}{(1+r)^2}$$

$$(1+r)^2 = 1.32$$

よって、

$$r = \sqrt{1.32} - 1 = 14.89\%$$

B氏の場合は、

1年後の時価総額は、100,000,000×1.2＝120,000,000円

2年後の時価総額は、(120,000,000＋100,000,000)×1.1＝

242,000,000円

求める収益率をrとすると、

1年後の1億円の現在価値は、100,000,000/$(1+r)$円

2年後の2億4,200万円の現在価値は、242,000,000/$(1+r)^2$円

よって、

$$100,000,000 + \frac{100,000,000}{1+r} = \frac{242,000,000}{(1+r)^2}$$

ここで、1＋r＝Rとして、両辺にR^2を掛けて整理すると、

$$100R^2 + 100R - 242 = 0$$

これを解いて

$$R = \frac{-100 + \sqrt{100^2 + 4 \times 100 \times 242}}{2 \times 100} = 1.1340$$

よって、

$$r = R - 1 = 13.40\%$$

参考 ・・・・・・・・・・・・・・・・・・・・・・・・・・・・

解答の数値でわかるとおり、時間加重収益率で測定するとA氏とB氏は同じ評価が得られる。しかし、金額加重収益率で考えると、相対的に2年目の

ほうが1年目よりも収益率が低く、B氏は、2年目のほうが1年目よりも金額が大きいという影響を受けて、A氏よりも収益率が低くなっている。

関連問題

●金額加重収益率の単利計算

金額加重収益率をより簡便的に算出するために、単利計算を行う方法が考えられる。この場合、収益率の分子・分母には何を用いればよいか。

ヒント　収益率の分子には期中の収益合計、分母には期中の平均残高を用いればよい。

平均残高とは、投資金額の残高の期中平均であり、「平残」と略すこともある。たとえば下表の場合には、平均残高は以下のとおりである。

日　　付	投資金額（億円）
4月1日～4月8日	20
4月9日～4月20日	25
4月21日～4月29日	28
4月30日	22

平均残高＝$(20 \times 8 + 25 \times 12 + 28 \times 9 + 22 \times 1) \div 30 = 24.47$億円

収益率とは投資金額1単位当りの収益であり、単利計算の場合にはたとえば1億円を2日間投資するときと2億円を1日間だけ投資するときで収益合計が同じであれば、収益率は同じである。投資金額と日数の積（**残高積数**）が同じで、発生した収益合計も同じあれば収益率も同じであるため、残高積数を日数で割った平均残高を分母にすることで収益率を単利で計算することができる。

第1章　収益率の計算・基礎・　　47

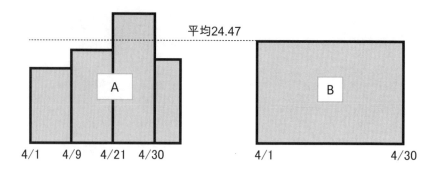

　この方法は、第 2 章で説明する「時間加重収益率（修正ディーツ法）」などで用いられている。

基準価額収益率

基準価額とは、簡単にいえば投資信託の値段であり、基準価額＝ファンドの純資産総額／受益権総口数で計算される。受益権総口数と基準価額の関係は、企業の株価と時価総額の関係が株価＝時価総額÷株数であるのと同様であり、運用によりファンドの純資産総額が増加（または減少）するのにあわせ、基準価額も上昇（または下落）する。

基準価額は開始時点に標準化（たとえば1口当り1円）されており、開始時点からの（1口1円とした場合には）1万口当りの価額が日々の基準価額として公表される（多くの場合には10,000円を設定時の基準価額としている）。

基準価額にも複数の考え方がある。その代表である**分配金**再投資の有無、**費用控除**の有無についてみていく。

例題 1

下表は、ある投資信託の基準価額を表したものである。これをもとに、次の(1)～(3)の収益率を求めよ。ただし設定時の基準価額を10,000円として、分配金や費用控除については考えないものとする。

	基準価額（円）
7月10日（木）	15,100
7月11日（金）	14,850
7月12日（土）	（休日）
7月13日（日）	（休日）
7月14日（月）	14,950

(1) 7月10日までの設定来収益率

(2) 7月11日の基準価額収益率

(3) 7月11日～7月14日（4日間）の基準価額収益率

第1章 収益率の計算・基礎・　49

ヒント　ある期間の収益率を知りたいときには、期初と期末の基準価額を用いて簡便的に計算することができる。

設定来収益率＝基準価額÷10,000－1

日次収益率＝当日の基準価額÷前日の基準価額－1

解答

(1)　$15,100÷10,000－1＝51.00\%$

(2)　$14,850÷15,100－1＝－1.66\%$

(3)　$14,950÷15,100－1＝－0.99\%$

例題 ⋯ 2

例題1において、7月11日に150円の分配金を出していたとき、(1)～(3)の収益率（分配金再投資）を求めよ。ただし費用控除については考えないものとする。

(1)　7月11日の分配金再投資収益率を求めよ。

(2)　7月14日の分配金再投資収益率を求めよ。

(3)　7月11日～7月14日（4日間）の分配金再投資収益率を求めよ。

ヒント　分配金はファンドの純資産の一部から支弁されており、分配金を出した分だけその日のファンドの基準価額は下落する。そのため、たとえば分配金の金額が異なるファンドを比較するには例題1の方法は適さない。

分配金再投資収益率＝（当日の基準価額＋分配金）÷前日の基準価額

解答

(1)　$(14,850＋150)÷15,100－1＝－0.66\%$

(2)　$14,950÷14,850－1＝0.67\%$

(3)　$((14,850＋150)÷15,100)×(14,950÷14,850)－1＝0.01\%$

分配金が収益率に含まれるため、例題1よりも収益率が上昇していることがわかる。

そして、7月14日時点の基準価額（14,950円）と分配金（150円）の合計は15,100円であり7月10日時点の基準価額と一致するが、7月11日～7月14日までの分配金再投資収益率は0.01%である。これは分配金を再投資したことによって得られた収益率（収益再投資の効果）の影響である。

例題1において、7月11日に150円の分配金を出していたときの(1)～(3)の収益率（費用控除前分配金再投資）を求めよ。ただし信託報酬等の費用があわせて年率で5％かかるものとし、1年は365日であるとする。

(1) 7月11日の収益率
(2) 7月14日の収益率
(3) 7月11日～7月14日（4日間）の収益率

ヒント　ファンドの信託報酬や監査報酬・委託者報酬などのファンド運営によって生じる費用もファンドの純資産から支弁される。これらの費用はファンドの購入者からみたファンドの優劣を判断する材料にはなるものの、運用者の運用の巧拙とは無関係であるため、運用者の評価や内部的なプロダクト評価では費用を除いた収益率を用いられることがある。このような場合には、**1.7**で扱ったように運用報酬（経費）控除後収益率を用いるのが適当である。これは**費用控除前収益率**と呼ばれることもある。（一方、費用を差し引いた後の収益率は**費用控除後収益率**と呼ばれる。）

1日当りの費用 = 5％× 1/365

なお、費用は休日にも発生する。

解 答

(1) $15,000 \div 15,100 - 1 = -0.66\%$

$-0.66\% + 5\% \times 1/365 = -0.65\%$

(2) $14,950 \div 14,850 - 1 = 0.67\%$

$0.67\% + 5\% \times 3/365 = 0.71\%$

(3) $(1 - 0.65\%) \times (1 + 0.71\%) - 1 = 0.06\%$

指数（インデックス）収益率

　インデックスとは「**指数**」の意味であり、特定の市場等の銘柄群を一定のルールのもとで加重することで算出される、値動きを示す指数のことを指す。インデックスも基準価額と同様に日々、構成銘柄の価格変化等に基づく指数値が発表される。ある期間における指数値の変化率は、その期初と期末の指数値を用いて求めることができる。

例題

　下表をもとに、XX年4月、5月および4〜5月のTOPIXの収益率を求めよ。

	TOPIX指数
XX年3月31日	1,765.95
XX年4月30日	1,792.07
XX年5月31日	1,785.82

ヒント

　インデックス（指数）の収益率は、その伸び率を計算すればよい。
　　市場収益率＝（当期末指数－前期末指数）÷前期末指数
　あるいは、同じことだが、
　　市場収益率＝当期末指数÷前期末指数－1
　としたほうが計算は簡単である。

解答

　XX年4月：$1,792.07 \div 1765.95 - 1 = 1.48\%$
　XX年5月：$1,785.82 \div 1792.07 - 1 = -0.35\%$

XX年 4 ～ 5 月：$1,785.82 \div 1765.95 - 1 = 1.13\%$

参考 •

　この例題の解答をみて、$(1.48) + (-0.35) = 1.13$ となっていることに気づいたかもしれない。しかし、小数第 3 位以下を調べると、この足し算は成立していない。単月の収益率をリンクすると複数月の収益率となる。つまり、$(1 + 0.0148) \times (1 - 0.0035) - 1 = 1.13\%$ という関係が成り立っている。足し算が偶然一致しているようにみえたのは、複利計算の収益再投資の効果が小さかったせいである。

　リンク計算が成立する理由は、式で考えると簡単にわかる。各月末の指数をA、B、C、D、…、Y、Zとすると、

　各月の収益率は、$B/A - 1$、$C/B - 1$、$D/C - 1$、……、$Z/Y - 1$ となり、リンクすると、

　$(B/A) \times (C/B) \times (D/C) \times \cdots\cdots \times (Z/Y) - 1$

となる。これは、

　$Z/A - 1$

に等しいことがわかる。

　これにより、市場の収益率は、市場の残高金額に関係ない、いわば時間加重収益率であるといえる。

1.19 ベンチマークとの比較

ファンドマネージャーの運用の巧拙を評価すること、すなわち**投資パフォーマンス評価**において、収益率のみから判断するのは必ずしも十分であるとはいえない。比較対象となるインデックスを設けることでより精緻な分析が可能となる。このような分析は、ベンチマーク比較と呼ばれる。**ベンチマーク**とは「基準」「水準」の意味であり、投資パフォーマンス評価におけるベンチマークは「比較の対象」という意味をもつ。

一般的なファンド投資においては投資対象とする銘柄群（**投資対象ユニバース**）があらかじめ決められており、そのなかから組み入れる銘柄を選択することでポートフォリオを構築する。ゆえにポートフォリオの収益率は投資対象ユニバースに依存する。たとえば投資対象ユニバースに含まれる銘柄の収益率が軒並みマイナスであれば、ポートフォリオもマイナスになりやすく、逆もまた同様である。

すなわちポートフォリオの収益率だけでパフォーマンスを評価すると、収益率の優劣が運用の巧拙によるものなのか、それとも投資対象の影響なのかを識別することができない。そこでポートフォリオごとに投資対象に応じたインデックスをベンチマークとして設定して比較することで、より純粋に運用の巧拙を測定することができる。ポートフォリオ収益率とベンチマーク収益率の差を**超過収益率**と呼ぶ。さらにベンチマークとの構成比を比較することで、収益率の裏側でとっていたリスクについても比較できる。この点については別途、**3.1**にて論じる。

下表はある期の国内株式ポートフォリオとインデックスA・Bの収益率である。インデックスAは国内株式全体のインデックスであるが、Bは国内株

第1章　収益率の計算・基礎

式全体のうち、時価総額ベースで下位30%の小型の銘柄のみを投資対象とするインデックスである。これをみて、以下の問いに答えよ。

	収益率（%）
ポートフォリオ	2
インデックスA	4
インデックスB	− 1

(1) ポートフォリオの投資対象が国内株式全体であったとき、ベンチマークとしてどちらがふさわしいか。そしてそれが優れた運用ができたといえるか。

(2) ポートフォリオの投資対象が国内株式全体のうち、時価総額ベースで下位30%の銘柄のみであったとき、ベンチマークとしてどちらがふさわしいか。そしてそれが優れた運用ができたといえるか。

ヒント　絶対収益でみれば、ポートフォリオの収益率はプラスであるが、ベンチマークの選択次第では運用に対する評価は異なる。

解答

(1) インデックスA。超過収益率は−2%なので、優れた運用ができたとはいえない。

(2) インデックスB。超過収益率は3%なので、優れた運用ができたといえる。

参考

1個のベンチマークでも、保有する有価証券の配当に関する考え方の違いから複数の指数が存在する。(イ)配当を含まない「配当なし指数（プライス）」、(ロ)配当を含むが配当への課税の影響は考慮しない「課税（税引）前配当込み指数（グロス）」、(ハ)配当を含み配当への課税の影響も考慮した「課税（税引）後配当込み指数（ネット）」である。ポートフォリオの収益率には一般的には配当を含むため、配当なし指数を上回りやすく、最も収益率が高く

算出されるのは課税前配当込み指数である。なお、配当込み指数は分配金再投資で算出されるのが一般的である。

関連問題　1

●評価ベンチマークと投資対象ユニバースが異なるケース

　「例題」において、ポートフォリオの投資対象が国内株式全体のうち、時価総額ベースで下位30％の銘柄のみであるなか、インデックスＡでの評価を依頼されたとしよう。その場合、当期のパフォーマンスをどのように説明することができるか。

ヒント　ポートフォリオでは投資できない銘柄だが、インデックスＡの算出対象となっているような大型銘柄のパフォーマンスがよかったため、ポートフォリオがインデックスＡに劣後した場合、投資パフォーマンスとしても低く評価することが適切であろうか。どこまでが投資対象ユニバースの違いによるものであるか。ここでのインデックスＡとＢの収益率の差が、投資対象ユニバースが異なることに起因する部分といえよう。

　今回の場合はインデックスＡ対比では超過収益率はマイナスであるが、投資対象ユニバースと一致するインデックスＢ対比では超過収益率はプラスである。すなわち、投資対象ユニバースでの銘柄選択は成功して３％の超過収益を稼いだ一方、小型株が市場全体に対して－５％と大きく劣後したため、インデックスＡ対比では超過収益は－２％とマイナスだった。優れた運用はできたが、それ以上に投資対象の影響が大きかったといえる。

	収益率（％）
ポートフォリオ－ベンチマークＢ	3
ベンチマークＢ－ベンチマークＡ	－5
ポートフォリオ－ベンチマークＡ	－2

第１章　収益率の計算・基礎・　　**57**

関連問題　2

●インデックスとベンチマークの関係性

どのようなルールにのっとり作成されたインデックスが、ベンチマークとして設定されるのにふさわしいか。

ヒント　インデックスであればすべて、ベンチマークとして適格であるとは限らない。たとえば特定銘柄の株価の単純平均で算出するインデックスは、時価総額や取引数量によらず株価の高い銘柄の影響を大きく受けてしまうことになり、市場の値動きを代表しているとは言いがたい。

ここでの「ベンチマーク」はポートフォリオをみるうえで基準となるような構成銘柄群である。そのため、投資対象の一致・市場の代表性という観点に加えて、実際に取引が再現できること（再現性）、十分な流動性があること（流動性）も満たされているとなおよい。たとえば実際にはできないような運用と比較して収益率が低くても、投資パフォーマンスとしても低く評価すべきであるとは一概にはいえないためである。実際のインデックスにおける一般的なウェイトの決定方法として、時価総額（株価×発行済株式数）加重平均があるが、実際に市場に出回りやすい浮動株式数を考慮することで、流動性・再現性をより担保できる。

このように一口に「インデックス」といっても、その銘柄群や算出方法はそれぞれ異なるため、投資パフォーマンス評価の担当者はインデックスについて精通することも必須である。

第 2 章
収益率の計算
・実務・

第2章では、各種収益率の実務的な計算方法を説明する。運用能力を正確に把握するためには、投資の成果と関係のない時価総額の増減（「キャッシュフロー」という）の影響を取り除かなければいけない。このキャッシュフローの影響を排除した収益率を、「時間加重収益率」という。キャッシュフローを的確に把握できるようにするため、まずファンド会計の基本的事項について説明する。

　「時間加重収益率」のうち、特に日次で時価評価を行って日々の時価総額をもとに計算する場合を「日次評価法」という。この方法は精度が高い点で優れているが、日々の時価評価が必要であり、実務上負担となる場合もある。そこで日次評価法の近似値を求めるさまざまな方法が用いられており、「修正ディーツ法」などがその代表例である。

　また、本章ではファンド全体のみならず、ファンドが保有する国内債券、国内株式、……といった資産別の収益率計算についても触れていく。資産別収益率計算の中心的論点は、ファンド内資産間でのキャッシュフローの把握にあるため、具体例を用いて解説していく。

　ひと口に日次評価法といっても、キャッシュフローの生じたタイミングをどのように収益率計算に反映させるかによって、計算結果に差が生じ、資産の買始めや売切り時には大きな差が生じてしまう。複数の代表的な計算方法で数値例を追い、それぞれの計算方法の特徴に触れていく。

　わが国では、時価会計導入以前の会計制度等を背景として長年にわたって、実現利回り・総利回り・総合利回り・修正総合利回りといった各種利回りが用いられてきた。実現利回り・総利回りは実現益のみを期中収益とみなす収益率であるのに対して、総合利回り・修正総合利回りは未実現の部分も収益とみなすため、運用評価に用いられる可能性もあるが、キャッシュフローの影響を受けるため、金額加重収益率と同じ性質をもっている。

　GIPS®（グローバル投資パフォーマンス基準）に関しては、簡単ではあるが、コンポジット・リターンの計算方法について解説を行う。

ファンド会計の基礎

2...1

　本章では収益率計算について深掘りをしていくが、まずファンド会計の基礎について簡単に触れておこう。ファンド会計は、一般的な会計と同様に複式簿記の理論に基づき処理が行われる。

　複式簿記の理論とは、各取引を必ず以下の2つの側面からとらえて処理を行うというものである。会計では、左のグループを「借方項目」、右のグループを「貸方項目」と呼んでいる。

❶資産の増加	❺資産の減少
❷負債の減少	❻負債の増加
❸元本の減少	❼元本の増加
❹費用の発生	❽収益の実現
借方項目という	**貸方項目という**

　たとえば、「100万円で取得した株式を110万円で売却できた」という取引があったとしよう。この取引は、A）口座の現金が110万円増加した、B）売却したので口座の株式が100万円減少した、C）10万円儲かった、と3つの要素に分解できる。

　ここでA）は①資産の増加、B）は⑤資産の減少、C）は⑧収益の実現である。

　そして借方項目A）の金額と、貸方項目B）とC）の合計金額は110万円で一致することとなる（貸借一致の原則）。

　このような仕組みからなる複式簿記を使った処理によって、貸借対照表と損益計算書を作成し、特定時点の財産の状態と特定期間の損益の状況を知ることができるのである。

　正確なパフォーマンス測定を行ううえで留意しておくべき取引について、

第2章　収益率の計算・実務・　　61

実務上どのような処理となっているかみていこう。なお、ファンド会計上の勘定科目に関して「」を付しているが、その名称は、ファンド計理システムにより異なる場合がある。

1 元本の移動

投資顧問ファンドについては、元本の追加がある場合、入金があった日に入金額の分だけ「元本」および「現金」を増加させる（⑦と①の組合せ）。元本の引出しがある場合には、現金が引き出された日に引き出された金額の分だけ「元本」および「現金」を減少させる（③と⑤の組合せ）。

一方、投資信託は複数の投資家の存在が念頭に置かれた投資ビークルであり、詳細は割愛するが、投資家間の公平性が保たれるよう元本の追加・引出しの処理が実施される。処理の大枠は、投資顧問ファンドと同様と考えておけばよい。

例題 1

以下の取引について、借方項目、貸方項目にそれぞれどのような動きがあったか答えよ。
(1)　元本が5億円入金された。
(2)　元本が1億円引き出された。

解答

(1)　借方項目①として「現金」が5億円増加した。
　　　貸方項目⑦として「元本」が5億円増加した。
(2)　借方項目③として「元本」が1億円減少した。
　　　貸方項目⑤として「現金」が1億円減少した。

2 運用報酬

　投資顧問ファンドに関する報酬計算は、半年ごとに直近6カ月における各月末の時価総額の平均値に報酬率を乗じ、日割り計算を行う計算方法が一般的である。運用報酬の引落し日に費用の発生を認識し「投資顧問料」を計上し、同時に「現金」を減少させる（④と⑤の組合せ）。

　投資信託の場合は、前営業日の純資産総額に報酬率の365分の1を乗じた額を日々計算し、「信託報酬」とまだファンドから支払われていないことを示す「未払信託報酬」を日々計上する（④と⑥の組合せ）。そして、実際に支払われるタイミングで「未払信託報酬」を減少させ、「現金」も減少させる（②と⑤の組合せ）。なお、1年決算のファンドであれば半年ごとにファンドから支弁する方法が一般的である。

　以下の投資顧問ファンドの運用報酬の引落日において、借方項目、貸方項目にそれぞれどのような動きがあったか答えよ。なお、運用報酬は年2回に分けて請求され、毎回、直近6カ月の各月末残高の平均値に顧問料率を乗じて計算するものとする。

・直近6カ月の各月末の平均残高が1,000億円で、顧問料は年率1％であった。

解答

　半年分の運用報酬は、1,000億円×1％÷2＝5億円と計算され、
　　借方項目④として「投資顧問料」を5億円計上した。
　　貸方項目⑤として「現金」が5億円減少した。

第2章　収益率の計算・実務　63

3 配当金

保有している株式で配当が実施される場合、配当を受け取る権利確定日の翌日（「配当落ち日」という）に、収益の実現として「受取配当金」を計上する。次に借方項目を考えるわけだが、配当落ち日時点では、実際に配当金がファンドへ入金されるわけではないため「現金」を計上するわけにはいかない。よって、まだ入金されていないことがわかるよう「未収配当金」を計上する（⑧と①の組合せ）。

計上された「未収配当金」は入金を知ったタイミングで、入金額の分を減少させ「現金」を増加させる（⑤と①の組合せ）。

 3

A社株式の配当金の権利確定日に、あるファンドが10,000株保有している。A社は配当予想として1株当り30円の配当を公表している。以下の日において、借方項目・貸方項目にそれぞれどのような動きがあったか答えよ。

(1) 配当落ち日
(2) 配当金の入金日

解答

A社株式から得られる配当金の総額は、10,000株×30円＝300,000円である。
(1) 借方項目①として「未収配当金」が300,000円増加した。
　　貸方項目⑧として「受取配当金」300,000円を計上した。
(2) 借方項目①として「現金」が300,000円増加した。
　　貸方項目⑤として「未収配当金」が300,000円減少した。

4　有価証券利息

　利付債を保有している場合、一般的に債券額面にクーポンレートの365分の1を乗じた金額を、クーポン利息として日々計算する。時の経過とともに利息に関する収益が実現していると考え「有価証券利息」を計上するが、クーポン利息が実際に入金されるのは利払い日であるため、借方項目はまだ入金されていないことがわかるよう「未収収益」を計上する（⑧と①の組合せ）。

　計上された「未収収益」は入金を知ったタイミングで、入金額の分を減少させ「現金」を増加させる（⑤と①の組合せ）。

　あるファンドがA社債券を額面1億円分保有している。当該債券のクーポンレートは3％である。以下の場合、借方項目、貸方項目にそれぞれどのような動きがあったか答えよ。なお、日割り計算にあたっては、1年を360日として計算するものとする。
　(1)　1日当り
　(2)　利払日（債券の取得日から利払日まで60日間あったとする）

解答

　1日当りの利息計算は、1億円×3％÷360日＝8,333円となる。
　(1)　借方項目①として「未収収益」が8,333円増加した。
　　　貸方項目⑧として「有価証券利息」8,333円を計上した。
　(2)　利払日までに未収利息は、8,333円×60日＝500,000円まで増加していることから、
　　　借方項目①として「現金」が500,000円増加した。
　　　貸方項目⑤として「未収収益」が500,000円減少した。

債券のクーポン利息は利払い日に債券を保有していた者に対して、その全額が支払われることになるが、債券売買の実務上、買い手が売り手に対して前回利払い日からの経過日数に応じたクーポン利息相当額（「**前払費用**」または「**経過利息**」という）を売買時に支払うという方法がとられている。

たとえば、クーポンレート３％、利払いは年２回（１月末と７月末）の債券を額面１億円分、４月１日に購入したとする（計算の都合上、１カ月を30日とする）。この場合、直前の利払日の翌日である２月１日から３月31日までの60日分の利息を購入時に売り手に対して支払う必要がある。その代わり、７月31日に利息を受け取る際には、債券を120日しか保有していなかったにもかかわらず、180日分の利息を現金で受け取ることになる。具体的には、次のような処理が行われる。ただし、代金の授受は即日行われたとする。

- 売り手に対して支払うクーポン利息相当額は、１億円×３％×60/360＝500,000円。売買時に「現金」500,000円を減少させ、同額の「前払費用」を計上する（⑤と①の組合せ）。
- ７月31日に受け取るクーポン利息は、１億円×３％×180/360＝1,500,000円。

未収収益は、４月１日から７月31日までの120日間日々積み上げられているため、未収収益の残高は、１億円×３％×120/360＝1,000,000円となっている。

よって、利払い日に即日入金された場合の処理は、次のとおり。

「現金」が1,500,000円増加し、「未収収益」を1,000,000円、「前払費用」を500,000円減少させる（①と⑤の組合せ）。

なお、「簿価」の概念については**2.8**で解説するが、今後、本書で「簿価」という場合は、前払費用を含めた値を指すものとする。また、時価金額という場合は、未収収益および前払費用を含めた値を指すものとするが、本書を読むうえで特に意識しなくてもさしつかえない。

2.2 キャッシュフローと収益率

　ファンドマネージャーが投資金額を自由に決められるケースはきわめてまれである。投資家の都合で、元本の追加あるいは引出しというかたちで投資金額が変更される。このような投資金額の動きを「**キャッシュフロー**」という。元本の移動以外にも、投資顧問料・信託報酬等の費用がファンドから流出する場合も、キャッシュフローの扱いとなる。

　キャッシュフローはファンドマネージャーの裁量によるものではないため、運用能力を測定する目的で収益率を計算する際には、キャッシュフローの影響を除く必要がある。

　キャッシュフローが発生していない場合、1期間の収益率r_iを示す式は以下のとおりである。

$$r_i = \frac{V_i}{V_{i-1}} - 1 \quad \cdots\cdots\cdots\cdots\cdots ①$$

　ただし、V_i：i期末の時価総額

　では、キャッシュフローの影響を除くにはどのように計算すればよいか。

　右辺第1項の分母には、1期間を通して実際に運用ができた金額を、分子には分母の金額が1期間経過後にどのような結果となったのかの金額を当てはめることによって、キャッシュフローの影響を除くことができる。

例題

　前期末の時価総額が100億円、当期末の時価総額が125億円、期中の元本の追加が20億円とする。次のそれぞれの場合に、収益率を求めよ。

(1)　元本の追加が期初にあった場合
(2)　元本の追加が期末にあった場合

第2章　収益率の計算・実務

ヒント (1)の場合、前期末の100億円に20億円を追加した120億円を運用し、結果125億円となった。すなわち、追加された元本は1期間を通して運用ができたものとみなし、分母の金額に足し上げればよい。

(2)の場合、前期末の100億円を運用した結果105億円となり、ここに20億円追加で125億円となった。すなわち、追加された元本は1期間を通した運用ができていないため、分母の金額に足し上げる必要はない。なお、追加された元本が運用されていないにもかかわらず、当期末の時価総額125億円に含まれてしまっているので、分子の金額から追加元本額20億円を控除する必要がある。

解答

(1)　$125 \div (100 + 20) - 1 = 4.17\%$

(2)　$(125 - 20) \div 100 - 1 = 5.00\%$

(1)のケースを数式化すると以下のとおりとなる。

$$r_i = \frac{V_i}{V_{i-1} + C_{i-1}} - 1 \quad \cdots\cdots\cdots\cdots\cdots\cdots\cdots\cdots\cdots\cdots\cdots\cdots\cdots②$$

ただし、C_{i-1}：$i-1$期末のキャッシュフロー（＝i期初のキャッシュフロー）

例題では両極端なケースについて触れたが、この式を拡張して、期間中の任意の時点で元本の追加が生じた際の収益率の計算方法について、詳しく説明していく。

なお、キャッシュフローに関しては、「投資の成果のみを収益率として測定するため」に、投資の成果と関係のない残高の増減について、キャッシュフローを認識して、収益率計算からキャッシュフローの影響を取り除く、とも説明することができる。

2...3

時間加重収益率（日次評価法）

　時間加重収益率は、投資金額にかかわらず、同じ運用をすれば同じ収益率が算出されるという特徴があるので、運用能力を評価するのに適した収益率と考えられている。ここまでは、第1章のおさらいである。

　さて、ひと口に時間加重収益率といってもさまざまな計算方法がある。そのなかで、真の時間加重収益率といえるのは**厳密法**だけであり、他の方法は、あくまでも簡便な方法で近似値を求めるための試みにすぎない。

　厳密法による収益率は、1個の期間をキャッシュフローが生じるごとにサブ期間として区切ったうえで、当該サブ期間の収益率を計算し、サブ期間収益率をリンクして計算するものである。

　計算式で表すと以下のとおりとなる。

$$r = (1 + r_1) \times (1 + r_2) \times \cdots \times (1 + r_n) - 1 \quad \text{\small …………………………………} ③$$

$r_{1\sim n}$に前頁の②式を代入すると、

$$r = \frac{V_1}{V_0} \times \frac{V_2}{V_1 + C_1} \times \frac{V_3}{V_2 + C_2} \times \cdots\cdots \times \frac{V_n}{V_{n-1} + C_{n-1}} - 1 \quad \text{\small …………} ④$$

と整理できる。

　ただし、

　　V_0：期初の時価総額

　　V_i：i番目のキャッシュフローが発生する直前の時価総額

　　V_n：期末の時価総額

　　C_i：i番目のキャッシュフローの金額（ただし、$C_0 = 0$）

　なお、キャッシュフロー発生の有無にかかわらず、ある期間を日次で区切りサブ期間とするものを特に、**日次評価法**という。

第2章　収益率の計算・実務・　69

例題 1

前期末の時価総額が100億円、当期末の時価総額が125億円、期中の元本追加が20億円とする。次のそれぞれの場合に、当期の時間加重収益率を求めよ。

(1) 元本が追加された直前の時価総額が101億円の場合
(2) 元本が追加された直前の時価総額が103億円の場合

解答

(1) 元本追加前の収益率 $= 101 \div 100 - 1 = 1.00\%$

元本追加直後の時価総額は $101 + 20 = 121$ 億円なので、

元本追加後の収益率 $= 125 \div 121 - 1 = 3.31\%$

よって、

当期の時間加重収益率 $= (1 + 0.0100) \times (1 + 0.0331) - 1 = 4.34\%$

(2) 元本追加前の収益率 $= 103 \div 100 - 1 = 3.00\%$

元本追加直後の時価総額は $103 + 20 = 123$ 億円なので、

元本追加後の収益率 $= 125 \div 123 - 1 = 1.63\%$

よって、

当期の時間加重収益率 $= (1 + 0.0300) \times (1 + 0.0163) - 1 = 4.67\%$

例題 2

次のデータをもとに、4月の収益率を、時間加重収益率（日次評価法）により求めよ。なお、簡単にするため、日中の時価の変動はないものとする。

- 3月31日の時価総額50億円
- 4月8日の時価総額60億円
- 4月9日に投資金額（元本）40億円増加
- 4月20日の時価総額95億円
- 4月21日に投資金額（元本）20億円減少

- 4月30日の時価総額80億円

$\boxed{\text{ヒント}}$　キャッシュフローが生じるごとにサブ期間として区切る必要がある。例題2の場合は、4月1日から4月8日、4月9日から4月20日、4月21日から4月30日の3つがサブ期間となる。

　3つのサブ期間収益率をそれぞれ計算しリンクさせることで、4月の収益率が得られる。

$\boxed{解}\boxed{答}$

4月1日から4月8日の収益率は、

$(60-50) \div 50 = 20.00\%$

4月9日から4月20日までの収益率は、

$(95-100) \div 100 = -5.00\%$

4月21日から4月30日までの収益率は、

$(80-75) \div 75 = 6.67\%$

これらを③式に当てはめると4月の収益率は、

$(1+0.20) \times (1-0.05) \times (1+0.0667) - 1 = 21.60\%$

なお、データの量が多い場合、④式で計算するのが簡便である。

$$r = \frac{60}{50} \times \frac{95}{60+40} \times \frac{80}{95-20} - 1 = 21.60\%$$

② … ④

資産別時間加重収益率（日次評価法）

　これまでの例題ではファンド全体の収益率を考えたが、同様の方法でファンドが保有する**国内債券・国内株式・外国債券・外国株式・現金**といった**資産**別に収益率を計算することができ、どの資産が、どの程度、収益獲得に寄与したのかを知ることができる。

　資産別に収益率を計算していくことになるが、この際に資産間のキャッシュフローという論点が出てくる。この資産間のキャッシュフローについても、投資の成果と関係のない残高の増減についてキャッシュフローを認識し、収益率計算からキャッシュフローの影響を取り除くという考えが共通している。

例題 … 1

　次のデータをもとに、4月1日〜2日の2日間における株式、現金、ファンドの収益率を、時間加重収益率（日次評価法）によりそれぞれ求めよ。3月31日時点の残高は株式100億円、現金100億円、ファンド200億円とし、期中に株式の配当金や現金の利息は存在しなかったものとする。

- 4月1日：株式90億円を購入、日中の時価変動により株式が10億円増加
- 4月2日：株式50億円を売却、日中の時価変動により株式が5億円減少

ヒント　キャッシュフローを適切に認識することが肝心である。

　4月1日の株式の購入による現金90億円の減少、株式90億円の増加は、投資の成果とは結びつかない。4月2日の株式の売却による株式50億円の減少、現金50億円の増加も同様である。

　これらについて、株式、現金でそれぞれキャッシュフローを認識すればよい。

例題のキャッシュフロー認識を図示すると以下のとおりとなる。

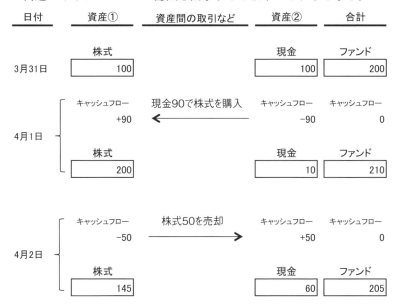

解答

株式の収益率

　4月1日：$200 \div (100 + 90) - 1 = 5.26\%$

　4月2日：$145 \div (200 - 50) - 1 = -3.33\%$

　4月1日〜2日：$(1 + 0.0526) \times (1 - 0.0333) - 1 = 1.75\%$

現金の収益率

　4月1日：$10 \div (100 - 90) - 1 = 0.00\%$

　4月2日：$60 \div (10 + 50) - 1 = 0.00\%$

　4月1日〜2日：$(1 + 0.00) \times (1 + 0.00) - 1 = 0.00\%$

ファンドの収益率

　4月1日：$210 \div (200 + 0) - 1 = 5.00\%$

　4月2日：$205 \div (210 + 0) - 1 = -2.38\%$

　4月1日〜2日：$(1 + 0.0500) \times (1 - 0.0238) - 1 = 2.50\%$

第2章　収益率の計算・実務

たとえば、国内株式と外国株式に投資するファンドがあったとする。国内株式を売却して、外国株式を購入するような場合、国内株式の売却資金はいったんファンド内で現金となり、そのうえで外国株式の購入に充てられるという現実の流れに沿って考えればよい。すなわち、国内株式売却に関して、国内株式でキャッシュアウト、現金でキャッシュイン（キャッシュフローの増加）を認識し、次に外国株式購入に関して、現金でキャッシュアウト（キャッシュフローの減少）、外国株式でキャッシュインを認識すればよい。

キャッシュフローの事例
(1) 配当金の場合

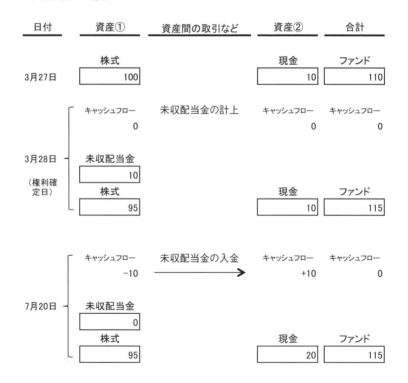

未収配当金の入金は、投資の成果と関係のない残高の増減であるため、これについてキャッシュフローを認識すればよい。なお、図中の株式を債券に、配当金を利息に読み替えることによって、債券の受取利息にも当てはめることができる。日々計上される未収利息については、キャッシュフローを認識しないが、未収利息の入金時にはキャッシュフローを認識する。

　参考までに、株式の日次収益率は以下のとおりとなる。

　　3月28日：$(10+95)÷100-1=5.00\%$

　7月19日の株式の残高を3月28日から変動がないと仮定した場合、

　　7月20日：$95÷(105-10)-1=0.00\%$

(2) 元本の追加と運用報酬の支払いの場合

　元本の追加・引出しや運用報酬の支払いは、資産間のキャッシュフローには該当しないが、あわせて解説しておく。

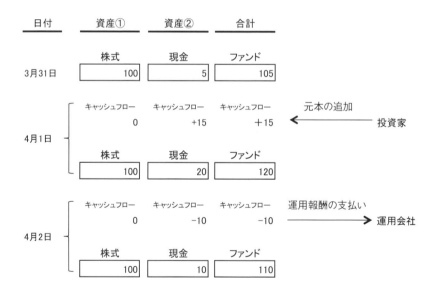

　元本の追加・引出しと運用報酬の支払いは、投資の成果とは関係のない残高の増減である。よって、現金でキャッシュフローを認識する必要がある。

現金の日次収益率は以下のとおりとなる。

4月1日：$20 \div (5+15) - 1 = 0.00\%$

4月2日：$10 \div (20-10) - 1 = 0.00\%$

(単位：百万円)

	国内株式	外国株式	現金	合計
3月31日	500	300	100	900
4月7日	520	290	100	910
4月8日	520	340	50	910
4月19日	530	320	50	900
4月20日	430	320	150	900
4月26日	440	300	150	890
4月27日	440	300	250	990
4月30日	430	290	250	970

（注）次のようなキャッシュフローが月中に発生した。

- 4月8日に外国株式を50百万円購入
- 4月20日に国内株式を100百万円売却
- 4月27日に元本100百万円追加

図表は、各日付の資産別時価総額を表している。国内株式・外国株式・現金それぞれ、およびファンド全体の4月の時間加重収益率を求めよ。なお、日中の時価の変動はないものとする。

ヒント キャッシュフローを認識すべき箇所を、図表中で網掛けにしてあるので、参考にされたい。

解答

$$国内株式 = \frac{520}{500} \times \frac{530}{520} \times \frac{430}{530-100} \times \frac{440}{430} \times \frac{430}{440} - 1 = 6.00\%$$

$$\text{外国株式} = \frac{290}{300} \times \frac{340}{290+50} \times \frac{320}{340} \times \frac{300}{320} \times \frac{290}{300} - 1 = -17.55\%$$

$$\text{現金} = \frac{100}{100} \times \frac{50}{100-50} \times \frac{150}{50+100} \times \frac{250}{150+100} \times \frac{250}{250} - 1 = 0.00\%$$

$$\text{ファンド全体} = \frac{910}{900} \times \frac{900}{910} \times \frac{890}{900} \times \frac{990}{890+100} \times \frac{970}{990} - 1 = -3.11\%$$

参　考 ・・・・・・・・・・・・・・・・・・・・・・・・・・・・・・・・・・・・・・

　上記の計算式では、隣り合った分数で、分子・分母同じ金額を約分できることがわかるであろう。つまり、その金額は収益率計算に影響を与えていないのである。具体的には、4月19日と4月20日以外の国内株式の時価総額、4月7日と4月8日以外の外国株式の時価総額はわからなくてもかまわない。

　ただし、キャッシュフローが発生した日には、その前後の日の時価総額を把握しなければ、適切な収益率が計算できなくなる。これが日次評価法の短所であるが、今日においては、ファンド計理システムが発達し容易に日々の時価総額を把握できるようになったため、実務上問題となることは少ない。

日次評価法の比較

あるポートフォリオにおいて、次のような1日の収益率を考えてみよう。

前日時価総額：3,000百万円

当日時価総額：4,040百万円

日中に、1,000百万円を追加購入

追加購入する直前の時価総額：2,990百万円

理論的な収益率を計算すると、

$$\frac{2,990}{3,000} \times \frac{4,040}{2,990+1,000} - 1 = 0.92\%$$

つまり、日次の収益率をキャッシュフロー発生の前後で2期間に分け、それぞれの収益率を求めて幾何リンクする計算式である。現実では取引の直前に2,990という値を把握して記録を残しておくことが煩雑なため実務的ではない。

このため、キャッシュフローがいつ発生したかについて仮定を設けて計算することになるが、その仮定の置き方によっておおむね次の4パターンに分類される。これらはいずれも日次評価法である。

(1) キャッシュフローが日の初めに発生するとみなす場合

$$\frac{当日時価総額}{前日時価総額 + 当日キャッシュフロー} - 1$$

(2) キャッシュフローが日の終わりに発生するとみなす場合

$$\frac{当日時価総額 - 当日キャッシュフロー}{前日時価総額} - 1$$

(3) キャッシュフローが日の中間に発生するとみなす場合

$$\frac{当日時価総額 - 当日キャッシュフロー \div 2}{前日時価総額 + 当日キャッシュフロー \div 2} - 1$$

(4) キャッシュインが日の初めに、キャッシュアウトが日の終わりに発生
するとみなす場合

$$\frac{\text{当日時価総額} + \text{当日キャッシュアウト}}{\text{前日時価総額} + \text{当日キャッシュイン}} - 1$$

例題 •••

次のような場合に、(1)~(4)の方法で日次評価法の収益率を計算せよ。

　前日時価総額：3,000百万円

　当日時価総額：4,040百万円

日中に、1,000百万円を追加購入

(1) キャッシュフローが日の初めに発生するとみなす場合

(2) キャッシュフローが日の終わりに発生するとみなす場合

(3) キャッシュフローが日の中間に発生するとみなす場合

(4) キャッシュインが日の初めに、キャッシュアウトが日の終わりに発生
するとみなす場合

解答

(1) キャッシュフローが日の初めに発生するとみなす場合

$$\frac{4,040}{3,000 + 1,000} - 1 = 1.00\%$$

　日の初めにキャッシュフローが発生したとみなすと、3,000に1,000を
加えた状態から始まり、4,040に至るまでの時価総額の騰落率が1日の
収益率となる。

(2) キャッシュフローが日の終わりに発生するとみなす場合

$$\frac{4,040 - 1,000}{3,000} - 1 = 1.33\%$$

　日の終りにキャッシュフローが発生したとみなすと、3,000から始ま
り3,040に至るまでの時価総額の騰落率が日次の収益率となる（その

後、1,000が追加され、時価総額は4,040となる)。

(3) キャッシュフローが日の中間に発生するとみなす場合

$$\frac{4,040-1,000\div 2}{3,000+1,000\div 2}-1=1.14\%$$

分子と分母の「÷2」は、1日の半分の時間しか運用できていなかったことから、時間加重の考え方から調整を図っている。分子では、キャッシュインのうち運用できていなかった部分を控除し、分母では、キャッシュインのうち運用できていた部分を足し上げている。

なお、キャッシュアウトが生じていた場合は、分子では、キャッシュアウトのうち運用できていた部分を足し上げ、分母では、キャッシュアウトのうち運用できていなかった部分を控除することになるので、留意されたい。

(4) キャッシュインが日の初めに、キャッシュアウトが日の終わりに発生するとみなす場合

今回は、キャッシュインのみ発生しているので、結果は(2)と同じである。

$$\frac{4,040-1,000}{3,000}-1=1.33\%$$

参 考 ●

仮定を置いて計算した(1)〜(3)の方法をあらためて比較してみることにする。(1)〜(3)の計算式の「−1」の部分を分子に出して並べると、次のようになる。

$$(1)=\frac{4,040-3,000-1,000}{3,000+1,000}$$

$$(2)=\frac{4,040-3,000-1,000}{3,000}$$

$$(3)=\frac{4,040-3,000-1,000}{3,000+1,000\div 2}$$

つまり、分子は共通で、いずれも「当日時価総額－前日時価総額－キャッシュフロー」であり、**2.2**で説明したとおり、これは当日中の収益を表している。

また、分母は当日の投資金額を表しており、当日のキャッシュフローである1,000を投資金額に含めるかどうかで(1)～(3)の違いが生じる。前述のとおり、たとえば(1)のように、日の初めにキャッシュフローが生じたとみなす場合は、1,000を当日投資可能な金額とみなすことを意味する。

関連問題

● 日次評価法の最適な計算方法

前記(1)～(4)の方法のうち、どれが測定に最適な計算方法であると考えられるか？

ヒント ＜実際のキャッシュフロー発生タイミングの観点から＞

いうまでもなく、理論的な時間加重収益率に近い値となる可能性が高い計算方法を採用するのが理想的である。

すなわち、キャッシュフローが必ず日の初めに発生するのが現状であれば、(1)の方法を採用することにより常に真の収益率と同じ値が得られる。逆に、キャッシュフローが必ず日の終わりに発生するのが現状であれば、(2)の方法を採用することにより常に真の収益率と同じ値が得られる。

ファンド全体でキャッシュフローを考える場合には、ファンドへの資金流入・流出が考えられる。また、資産ごとにキャッシュフローを考える場合には、資産の購入および売却が大きなキャッシュフローの要素となる。

＜キャッシュフローが大きい場合の対応という観点から＞

前日時価総額に対するキャッシュフローの割合が小さければ、どの計算方法でもほぼ同じ収益率になるが、この割合が大きくなるにつれて差が大きくなる。割合が最大のケース、つまり買始めと売切りのケースでは、(4)のみ正しい収益率が測定できる。(**2.6**参照)

＜実務負担の大きさの観点から＞

第 2 章　収益率の計算・実務・　　**81**

また、実務上の負担が小さい順に並べると、(2)→(1)→(3)→(4)となる。(2)は、要因分析におけるポートフォリオ構成比として前日構成比がそのまま用いられるので便利であろう（要因分析については第3章で説明する）。一方、(4)を採用する場合には、キャッシュフローのデータベースを常にキャッシュインとキャッシュアウトに分けて蓄積しておく必要が生じる。

参考 •

　投資信託の収益率を時間加重収益率で計算しようとする場合、注意が必要である。なぜなら、元本の追加か解約かでキャッシュフローが生じるタイミングが異なり、さらには、ファンドの投資対象（国内資産か外国資産か）によっても元本の追加・解約に伴うキャッシュフローのタイミングが異なってくる。忠実に計算しようとするならば、ファンドごとにキャッシュフローの生じるタイミングを把握しておく必要がある。

　1.17で説明した基準価額による収益率は、基本的には、時間加重収益率の日次評価法と一致する。ただし、基準価額による収益率は、信託報酬控除後の収益率である。また、基準価額算出時の端数処理の影響もあり、完全には一致せず近似値となる。

　さらに、上記のとおり、ファンド属性等の違いによって、(2)「キャッシュフローが日の初めに発生するとみなす場合」の近似値となる場合もあれば、(3)「キャッシュフローが日の終わりに発生するとみなす場合」の近似値となる場合もある。1日に元本の追加と解約が両方発生する場合など、(2)(3)いずれからも乖離する場合もある。

2.6 買始めと売切り時の収益率

　日次評価法による収益率計算は、キャッシュフローが1日のどの時点において発生したかの仮定の違いによってさまざまな計算方法が考えられる。代表的な以下の4パターンについて数値例をみていこう。たとえば、今まで株式を保有していなかったファンドが初めて株式を取得するような場合を考えてみてほしい。株式部分の前日時価総額はゼロであることから、計算方法によって大きな差が出る。

(1) キャッシュフローが日の初めに発生するとみなす場合
　　収益率＝当日時価総額÷(前日時価総額＋当日キャッシュフロー)−1
(2) キャッシュフローが日の終わりに発生するとみなす場合
　　収益率＝(当日時価総額−当日キャッシュフロー)÷前日時価総額−1
(3) キャッシュフローが日の中間に発生するとみなす場合
　　収益率＝(当日時価総額−当日キャッシュフロー÷2)÷(前日時価総額＋当日キャッシュフロー÷2)−1
(4) キャッシュインが日の初めに、キャッシュアウトが日の終わりに発生するとみなす場合
　　収益率＝(当日時価総額＋当日キャッシュアウト)÷(前日時価総額＋当日キャッシュイン)−1

　4月1日に国内株式を買い始め、4月2日に売り切った。4月1日、4月2日の国内株式部分の収益率をそれぞれ上記4パターンの計算方法によって求めよ。

（単位：百万円）

日付	国内株式	現金	合計
3月31日	0	100	100
4月1日	102	0	102
4月2日	0	101	0

解答

● 4月1日の収益率

(1) $102 \div (0 + 100) - 1 = 2.00\%$

収益率は、購入時から日の終わりまでの騰落率を表すことになり、妥当な結果となる。

(2) $(102 - 100) \div 0$

分母がゼロのため計算できない。この場合に限り(1)などを用いるか、または収益率＝ゼロと便宜的に扱うほかない。

(3) $(102 - 100 \div 2) \div (0 + 100 \div 2) - 1 = 4.00\%$

収益率は、(1)の場合の2倍となり、実態と離れた値となる。

(4) $(102 + 0) \div (0 + 100) - 1 = 2.00\%$

収益率は、(1)の場合と同様に購入時から日の終わりまでの騰落率を表すことになり、妥当な結果となる。

● 4月2日の収益率

4月2日は国内株式を売り切っているため、国内株式部分の当日時価総額はゼロとなる。

(1) $0 \div (102 - 101) - 1 = -100.00\%$

−100％の異常値となってしまう。この場合に限り(2)などを用いるか、または収益率＝ゼロとする。

(2) $(0 - (-101)) \div 102 - 1 = -0.98\%$

収益率は、前日の終わりから売却時までの騰落率となり、妥当な結果となる。

(3)　$(0-(-101\div2))\div(102-101\div2)-1=-1.94\%$

　　収益率は、(2)の場合の2倍となり、実態と離れた値となる。

(4)　$(0+101)\div(102+0)-1=-0.98\%$

　　収益率は、(2)の場合と同様に前日の終わりから売却時までの騰落率となり、妥当な結果となる。

参 考 •

　以上をまとめると、買始めや売切り時の両方に対応できるのは(4)の方法となる。

	(1) 日の初め	(2) 日の終わり	(3) 日の中間	(4) イン→日の初め アウト→日の終わり
買始め	○	×	△	○
売切り	×	○	△	○

第2章　収益率の計算・実務・　　**85**

2...7

時間加重収益率（修正ディーツ法等）

　日次評価法による計算は、精度が高いという利点がある反面、**2.4**の参考でも述べたように、日々の時価を常に把握しておかねばならない（少なくとも、元本移動や購入・売却といったキャッシュフローが発生するたびに資産全体やファンド全体の時価総額を計算しなければならない）という欠点がある。時価評価が正確に行えれば問題はないが、不正確であると無意味な収益率が計算されてしまう。今日では、日次評価法による計算が主流となっているが、より簡便な計算方法が採用される場合も少なからずある。

　計算方法を簡単にするために、時間加重収益率には、「**内部収益率リンク法**」という計算方法が存在する。これは、一般的には1カ月を単位期間として、1カ月ごとの収益率を内部収益率（金額加重収益率）を用いて求めたうえで、それらをリンクして自由な期間の収益率を求める方法である。

　1カ月ごとの収益率を求める精度の高低により、何通りもの計算方法が存在する。以後は、**修正ディーツ法**を中心に説明していく。

　修正ディーツ法は、内部収益率を単利で計算し、単位期間（通常は1カ月単位）ごとに収益率をリンクする方法である。時価評価は1カ月単位で行えばよく、計算上の事務負担も小さいことから、実務上広く用いられる。

　修正ディーツ法の計算式は以下のとおり。

　　修正ディーツ法＝

$$\frac{\text{当月末時価総額}-\text{前月末時価総額}-\text{月中キャッシュフローの合計}}{\text{前月末時価総額}+\sum\left(\text{キャッシュフロー}\times\dfrac{\text{キャッシュフロー発生日から月末までの日数}}{\text{月日数}}\right)}$$

　この式の分子は、収益を表している。期中の時価総額の増減分のうち、キャッシュフローによる増減は投資の成果とはいえないので除外するという点は日次評価法と同様である。

一方、この式の分母は、時価総額の月中平均残高を大ざっぱに計算したものである。日々の時価評価を省略するため厳密な日々の時価平均残高は把握できない。このため、キャッシュフローをその存在した日数分だけウェイトづけして前月末時価総額に足して簡便に計算している。

次のデータをもとに、4月の収益率を時間加重収益率（修正ディーツ法）により求めよ。

- 3月31日の時価総額50億円
- 4月8日に元本40億円増加
- 4月20日に元本20億円減少
- 4月30日の時価総額80億円

ヒント 分子について：例題の数値例では、時価総額は80億円－50億円＝30億円増えているが、そのうち40億円は時価が値上りしたのではなく外部から追加された資金で収益とはみなされないため除外し、逆に20億円は時価の目減りではなく元本の引出しであるから、分子に足し戻す必要がある。

分母について：例題の数値例では、前月末時価総額は50億円。4月8日に40億円追加されたが、この40億円は4月8日から30日までの23日間保有していたことになる。よって、この間の平均残高（40億円×23/30＝30.67億円）は分母に加える。逆に、4月20日に20億円引き出されたが、この20億円の引出し以後の日数は11日間なので、この間の（マイナスの）平均残高（20億円×11/30＝7.33億円）は分母から差し引く。したがって、4月の平均残高は、50億円＋30.67億円－7.33億円＝73.33億円となる。

この分母に関する説明を図で表すと、次のようになる。実際の残高積数は図Aであるが、期中の時価が不明なので、近似値として求めたものが図Bである。これは、図Cと面積が等しい（**1.16**の関連問題参照）。

第2章 収益率の計算・実務

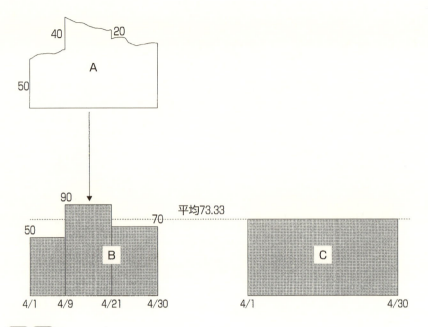

解答

$$修正ディーツ法 = \frac{80 - 50 - (40 - 20)}{50 + \left(40 \times \dfrac{23}{30} - 20 \times \dfrac{11}{30}\right)} = 13.64\%$$

参考

修正ディーツ法における内部収益率の計算方法をさらに簡便にしたものが**オリジナル・ディーツ法**（ディーツ法）であり、計算式は次のとおり。

オリジナル・ディーツ法

$$= \frac{当月末時価総額 - 前月末時価総額 - 月中キャッシュフローの合計}{前月末時価総額 + 月中キャッシュフローの合計 \times \dfrac{1}{2}}$$

この式の分子は、修正ディーツ法の分子と同じである。

一方、分母は修正ディーツ法の分母における「キャッシュフローの発生日」がすべて月の真ん中で生じたと仮定した式となっている。

例題の数値を当てはめると

$$\text{オリジナル・ディーツ法} = \frac{80 - 50 - (40 - 20)}{50 + (40 - 20) \times \dfrac{1}{2}} = 16.67\%$$

このほか、内部収益率リンク法には、以下のような方法がある。

●複利内部収益率リンク法（修正BAI法）

修正ディーツ法およびオリジナル・ディーツ法の計算の場合には、単位期間（1カ月）の収益率を求める際に単利計算、つまり「収益÷投資金額」という計算方法を用いてきたが、この部分を複利計算にする方法もある。それが複利内部収益率リンク法（修正BAI法）である。

1カ月の収益率を、日々を単位とした複利計算で求めるために、**1.15**で解説した内部収益率を利用する。

式で表すと次のようになる。

$$V_n = V_0 (1 + r) + \Sigma C_i (1 + r)^{t_i/t}$$

ただし、

V_0：月初時価総額

V_n：月末時価総額

C_i：i番目のキャッシュフローの金額

t_i：i番目のキャッシュフロー発生から月末までの残日数

t ：月日数

ここで求められたrの値が複利計算の収益率（内部収益率）となるが、計算する際には、表計算ソフトに頼らざるをえないだろう。

●複利内部収益率リンク簡便法

前出の複利内部収益率リンク法（修正BAI法）は、キャッシュフローが頻繁に発生すると計算が煩雑になる。この点を解決した計算方法が、複利内部収益率リンク簡便法である。

$$V_n = V_0(1+r) + C_{in}(1+r)^{t_{in}/t} - C_{out}(1+r)^{t_{out}/t}$$

ただし、

C_{in}：月中のキャッシュインの合計額

C_{out}：月中のキャッシュアウトの合計額

t_{in}　：キャッシュイン発生から月末日までの残日数の平均（キャッシュイン金額で加重平均）

t_{out}　：キャッシュアウト発生から月末日までの残日数の平均（キャッシュアウト金額で加重平均）

2...8

簿価・時価・評価損益

すでに説明したように、日次評価法における１日の収益率や、修正ディーツ法における１カ月の収益率は、期中収益を投資金額で割って計算した単利の収益率である。ここからは、その割り算の分子に当たる収益の中身について調べることにする。

本項は、収益を構成する要素について次項以降に考えていくための準備となる。

なお、「**簿価**」とは帳簿価額の略語である。そして、「**評価損益**」は、時価評価額−簿価によって求められる。ファンドの損益は、保有資産の売却損益と評価損益から構成されるが、対価となる現金がファンドに流入しているか否かによって（次項で触れるがこれを現金主義という）、売却損益を「**実現損益**」、評価損益を「**未実現損益**」または「**含み損益**」と呼ぶ場合もある。

簿価は、数量×簿価単価で計算される。簿価単価の計算方法には、いくつかの方法があるが、実務上は以下の２つの方法に絞られる。

● **移動平均法**

同じ銘柄の有価証券を取得する都度、簿価単価を計算する方法。株式、債券、親投資信託受益証券などの簿価金額の計算に適用される。計算式は以下のとおり。

移動平均法による簿価単価

$$= \frac{\text{追加取得直前の簿価金額} + \text{追加取得した数量} \times \text{当該追加取得の単価}}{\text{追加取得前の数量} + \text{追加取得した数量}}$$

● **個別法**

同じ銘柄を複数回にわたって取得したとしても、移動平均法のように簿価単価の計算を行わず、取得ごとに個別に管理し取得した際の単価をそのまま簿価単価とする方法。債券の簿価金額の計算に適用される。

下表は、6月27日から30日までの国内株式の銘柄Aの株価である。なお、株価は日中に変動しないものとする。

	6月27日	6月28日	6月29日	6月30日
銘柄A	400円	409円	408円	412円

次のような取得・売却を行ったとき、
- 6月27日に銘柄Aを初めて5,000株購入。
- 6月28日に4,000株購入。
- 6月29日に2,000株売却。
- 6月30日に1,000株購入。

(1) 銘柄Aについて6月27日〜6月30日の各日の簿価単価を求めよ。簿価単価は移動平均法により計算するものとする。
(2) 6月30日の簿価金額、時価評価額および評価損益を求めよ。

解答

(1) 図表にまとめると、以下のとおりとなる。

日付	取得 数量(株)	取得 取得単価(円)	売却 数量(株)	帳簿残高 数量(株)	帳簿残高 簿価単価(円)	帳簿残高 簿価金額(円)
6月27日	5,000	400	0	5,000	400	2,000,000
6月28日	4,000	409	0	9,000	404	3,636,000
6月29日	0	0	2,000	7,000	404	2,828,000
6月30日	1,000	412	0	8,000	405	3,240,000

簿価単価の計算は、以下のように計算すればよい。

6月27日：銘柄Aを初めて取得したため、取得単価をそのまま簿価単価にすればよい。

計算式に当てはめると、

$(0 + 5,000 \times 400) \div (0 + 5,000) = 400$円

6月28日：$(2,000,000 + 4,000 \times 409) \div (5,000 + 4,000) = 404$円

6月29日：追加取得を行っていないため、簿価単価を計算し直す必要
はない。

ただし、数量は売却によって減少し、簿価金額も減少している点は把握しておかなければならない。

6月30日：$(2,828,000 + 1,000 \times 412) \div (7,000 + 1,000) = 405$円

(2)　6月30日の簿価金額は、$8,000 \times 405 = 3,240,000$円、

時価評価額は、$8,000 \times 412 = 3,296,000$円となる。

評価損益は、これらを差し引いて

$3,296,000 - 3,240,000 = 56,000$円

となる。

2.9 収益計算(実現損益と評価損益)

日次評価法における1日の収益率や、修正ディーツ法における1カ月の収益率において、分子の部分(収益)が、「当期末時価総額−前期末時価総額−キャッシュフロー」で表せることは2.2および2.7のとおりであるが、これを、本項では別の切り口で考えてみる。

収益のうち、実際に対価となる現金がファンドに流入したか否かを基準として、流入していないものを「未実現損益」、流入したものを「実現損益」に区別する場合がある。この考え方を「**現金主義**」という。

現金主義のもとでは、有価証券の評価損益や、未収配当金・未収利息などは未実現損益に該当し、実際に入金された配当金や利息、有価証券の売却損益は実現損益に該当する。

なお、現金主義の考え方は、投資顧問の顧客報告において広く採用されているものである。

次のデータをもとに、
(1) 4月の収益(修正ディーツ法分子)を求めよ。
(2) 4月の実現損益を求めよ。
(3) 4月の評価損益の期中増減額を求めよ。
(4) (2)と(3)を用いて4月の収益を求めよ。

なお、簡単にするため、日中の株価の変動はなく、配当金は計上と同時に入金があったものとする。

- 1月4日に、A銘柄の株式を単価400円で1万株購入した。
- 3月31日のA銘柄の株価は450円であった。
- 4月8日に、A銘柄の株式を単価500円で2,000株売却した。

- 4月20日に、A銘柄の株式を単価550円で4,000株追加購入した。

- 4月30日に、株式配当金60,000円を得た。

- 4月30日のA銘柄の株価は600円であった。

ヒント　1月4日および4月20日の購入額は、次のとおり。

日付	購入単価（A） （円）	購入株数（B） （株）	購入金額（C=A×B） （円）
1月4日	400	10,000	4,000,000
4月20日	550	4,000	2,200,000

　また、4月8日に2,000株売却しており、売却金額は500×2,000＝1,000,000円であるが、保有株数の5分の1を売却したということであるから、売却された有価証券の簿価（「売却原価」という）は、4,000,000円×$\frac{1}{5}$＝800,000円となる。

売却単価 （A）（円）	売却株数 （B）（円）	売却金額 （C=A×B）（円）	売却原価 （D）（円）	売却損益 （E=C−D）（円）
500	2,000	1,000,000	800,000	200,000

　各日付の時価単価、保有株数、簿価金額、時価金額および評価損益額は下表のとおり。

日　付		時価 （A）（円）	株数 （B）（株）	簿価金額 （C）（円）	時価金額 （D=A×B） （円）	評価損益 （E=D−C） （円）
1月4日	取引前	400	0	0	0	0
	取引後	400	10,000	4,000,000	4,000,000	0
3月31日		450	10,000	4,000,000	4,500,000	500,000
4月8日	取引前	500	10,000	4,000,000	5,000,000	1,000,000
	取引後	500	8,000	3,200,000	4,000,000	800,000
4月20日	取引前	550	8,000	3,200,000	4,400,000	1,200,000
	取引後	550	12,000	5,400,000	6,600,000	1,200,000
4月30日		600	12,000	5,400,000	7,200,000	1,800,000

なお、4月8日の売却前と売却後を比較すると、評価損益が1,000,000－800,000＝200,000円減っているが、これは、現金主義で説明すると売却によって未実現損益が実現損益となったためであり、売却益20万円と金額が等しくなるのは当然のことである。

解 答

(1)　前月末時価金額＝4,500,000円

　　　当月末時価金額＝7,200,000円

　　　キャッシュフロー＝購入金額－売却金額－配当金

　　　　＝2,200,000－1,000,000－60,000＝1,140,000円

　　　よって、修正ディーツ法の分子、すなわち収益

　　　　＝当月末時価金額－前月末時価金額－キャッシュフロー

　　　　＝7,200,000－4,500,000－1,140,000＝1,560,000円

(2)　配当金＋売却損益＝60,000＋200,000＝260,000円

(3)　前月末評価損益＝500,000円

　　　当月末評価損益＝1,800,000円

　　　よって、

　　　期中増減額＝1,800,000－500,000＝1,300,000円

(4)　収益＝①当月末時価金額－②前月末時価金額－③キャッシュフロー

　　　ここで、

　　　①当月末時価金額＝当月末簿価金額＋当月末評価損益

　　　②前月末時価金額＝前月末簿価金額＋前月末評価損益

　　　③キャッシュフロー＝購入金額－売却金額－配当金

　　　　＝購入簿価額－（売却原価＋売却損益）－配当金

　　　これらをすべて収益の式に代入すると、

　　　　収益＝（当月末簿価金額＋当月末評価損益）－（前月末簿価金額＋

　　　　前月末評価損益）－（購入簿価額－（売却原価＋売却損益）－配当金）

　　　となるが、ここで、

　　　前月末簿価金額＋購入簿価額－売却原価＝当月末簿価金額の関係が必

ず成り立つことから、簿価の項はすべて消え、

　　収益＝当月末評価損益－前月末評価損益＋売却損益＋配当金

　つまり、収益＝実現損益＋評価損益の月中増減分という式が成立する。

　よって、

　(2)＋(3)＝260,000＋1,300,000＝1,560,000円

実現利回り・総利回り・総合利回り・修正総合利回り

　同じ運用の実績でも、何を収益と考え、何を投資金額と考えるかによって、何通りもの収益率が計算できる。時間加重収益率と並んで、これらの利回りは日本の実績報告書にしばしば登場する。**総利回り**と**総合利回り**は名前が似ているので混同しやすいが、「総利」と略して呼ぶ場合は、普通は総利回りを指す。

　なお、前項に引き続き、本項での「実現損益」は現金主義の考え方によるものとし、未収配当金、未収利息、評価損益を除いたものと定義する。

　各利回りの計算式は次のとおりである。

$$\text{実現利回り}=\frac{\text{実現損益}}{\text{当期元本(簿価)平均残高}}$$

$$\text{総利回り}=\frac{\text{実現損益}-\text{前期末未収収益}+\text{当期末未収収益}}{\text{当期元本(簿価)平均残高}}$$

　実現利回りの分子は、当期に実際に入金があったものに限定しているが、総利回りの分子はこれを拡張し、当期に受け取る権利が確定した配当金や利息のうち入金がなされていない未収配当・未収利息についても考慮に含めている。1期間の利回りを計算するわけであるから、当期末の未収収益を足し上げる一方で、前期末の未収収益については控除するという決めを設けて、未収収益の増加・減少を当該期間の運用の成果としてとらえているのである。

　総合利回り

$$=\frac{\text{実現損益}-\text{前期末未収収益}+\text{当期末未収収益}-\text{前期末評価損益}+\text{当期末評価損益}}{\text{当期元本(簿価)平均残高}}$$

　さらに、総合利回りの分子は拡張がなされており、評価損益についても考慮に含めている。1期間に生じた時価変動を当該期間の運用の成果としてと

らえるために、当期末の評価損益を足し上げる一方で、前期末の評価損益を控除している。

修正総合利回り
$$= \frac{実現損益 - 前期末未収収益 + 当期末未収収益 - 前期末評価損益 + 当期末評価損益}{当期元本(簿価)平均残高 + 前期末未収収益 + 前期末評価損益}$$

修正総合利回りは、総合利回りの分母を拡張したものである。実現利回りから総合利回りに至る各計算式の分母は、元本（ないしは簿価）の平均残高、すなわち投資の元手を表しているが、各期間の利回りを正確にとらえるためには考慮が不足している。これを簡便に解消するために、分母に、前期末の未収収益と評価損益を足し上げることによって、時価総額の平均残高に近づけているのである。あくまで、日次の時価総額計算が困難な状況において考案された簡便な計算方法であることに留意されたい。

次のデータをもとに、当期の実現利回り・総利回り・総合利回り・修正総合利回りをそれぞれ計算せよ。

- 期中元本平均残高　　800億円
- 実現損益　　　　　　45億円
- 前期末未収収益　　　11億円
- 当期末未収収益　　　13億円
- 前期末評価損益　　　28億円
- 当期末評価損益　　　−22億円

【解答】

実現利回り $= 45 \div 800 = 5.63\%$

総利回り $= (45 - 11 + 13) \div 800 = 5.88\%$

総合利回り $= (45 - 11 + 13 - 28 - 22) \div 800 = -0.38\%$

修正総合利回り $= (45 - 11 + 13 - 28 - 22) \div (800 + 11 + 28) = -0.36\%$

第2章　収益率の計算・実務　99

関連問題　1

●総合利回りと修正総合利回り

　ファンドマネージャーのA氏とB氏は、ともに期初の時価総額10億円だっ
た株式を運用し、両者とも期末には12億円に上昇した。期中の収益は、この
値上り益の2億円である。

　ただし、A氏が運用した株式は前期末に購入したばかりで簿価金額が10億
円だったのに対して、B氏が運用した株式は、かつて株価が高かった時代に
購入したものであり、簿価金額は20億円であった。

　(1)　A氏、B氏の総合利回りを求めよ。

　(2)　A氏、B氏の修正総合利回りを求めよ。

ヒント

　(1)　両者の運用の成果は、期初の時価総額が10億円のファンドを運用して
　　　評価損益が2億円得られたという点で、同じであったと考えられるが、
　　　総合利回りを計算してみると、

　　　　　A氏：$2 \div 10 = 20.00\%$

　　　　　B氏：$2 \div 20 = 10.00\%$

　　となり、違いが生じる。より正確な利回りの把握のため、分子の構成要
　　素に拡張を重ねた総合利回りではあるが、正しく運用能力が測定できな
　　いことがわかる。分母が簿価金額だけであることが問題の発端である。
　　簿価の金額がどのようであったかは当期の運用には関係ないものであ
　　り、当期の収益率は簿価に左右されるべきではない。

　(2)　これに対して、修正総合利回りで比較してみると、

　　　　　A氏：$2 \div 10 = 20.00\%$

　　　　　B氏：$2 \div (20 - 10) = 20.00\%$（この$-10$は前期末評価損益）

　　となり、両者は等しくなるように修正されていることがわかる。

関連問題　2

●元本平均残高と簿価平均残高の違い

　利回りを計算する場合に、分母に元本平均残高を用いる場合と簿価平均残高を用いる場合の2通りがある。どちらを用いるほうがより適切か答えよ。

（ヒント）　まず、元本と簿価金額の違いから説明する。

　たとえば、100億円分の運用を委託されたファンドがあるとする。この場合、元本＝100億円である。また、運用を開始する前はこの100億円がすべて現金の状態であり、簿価金額＝100億円でもある。

　運用を行っていくなかで、期中に利息や配当金が発生したり、売買損益が得られる。これらの合計を10億円とする。これらは現金として簿価金額に追加され、簿価金額は110億円となる。この現金を利用して新たに株式や債券を購入したとしても、現金の増減額と同じ分だけ資産にも増減があるので、簿価金額は110億円のまま変わらない。一方、元本は依然として100億円のままである。すなわち、次の関係式が成立する。

　　元本残高＋期中実現損益額＝簿価残高

　つまり、元本と簿価金額の違いは期中の実現損益の金額ということになる。これを平均残高にも当てはめて、

　　元本平均残高＋期中実現損益額の平均＝簿価平均残高という関係が成立する。

　さて、総合利回りと修正総合利回りを例にとって、分母にどちらを用いるかによってどのような違いが生じるかを調べることにする。

　ファンドマネージャーのA氏とB氏は、ともに元本100億円を運用した。期初の未収収益および評価損益はゼロとする。A氏とB氏は互角の運用を行い、ともに評価益10億円が得られた。両者の運用能力は同じはずであるが、A氏は期末まで売却を行わずに評価益10億円のまま保有したのに対して、B氏は、評価益の発生した銘柄を次々に売却し、実現益に変えた。10億円すべてを売却すると、簿価金額は110億円に膨らむ。仮に、平均して

第2章　収益率の計算・実務・　**101**

期の真ん中で売却したとすると、期中の簿価平均残高は105億円になる。

まず、簿価平均残高で割った利回りを計算すると、

A氏の（修正）総合利回り：$10 \div 100 = 10.00\%$

B氏の（修正）総合利回り：$10 \div 105 = 9.52\%$

このように、同じ運用能力のはずが異なった利回りとして評価されてしまう。

これに対して、元本で割った利回りのほうは、

A氏の（修正）総合利回り：$10 \div 100 = 10.00\%$

B氏の（修正）総合利回り：$10 \div 100 = 10.00\%$

このように、期中に評価損益を実現化しようがしまいが、利回りには影響しないことがわかる。

関連問題　3

●実現利回り・総利回りが運用能力の評価に使えない理由

実現利回りや総利回りが、ファンドマネージャーの能力を測定する尺度とはなりえない理由を答えよ。

ヒント　実現利回りは、運用の巧拙にかかわらずファンドマネージャーがある程度コントロールすることのできる収益率である。実現利回りを引き上げるには、評価益の発生している銘柄を売却すればよいし、引き下げたいときは、評価損の発生している銘柄を売却すればよい。

仮に実現利回りによって運用能力が評価されるとすれば、評価益のある銘柄を売却して実現益を発生させなければならない場面もありうる。これからさらに時価の上昇が期待できる銘柄がこのような理由で売られてしまうのは、運用委託者にとって望ましくない。したがって、実現利回りで運用能力を評価してはならない。総利回りの場合も、実現主義か発生主義かという期間対応が異なるだけで事情は同じである。

これらに対して、総合利回りおよび修正総合利回りの場合は、恣意的に変動できない総合損益で収益を考えるので、運用能力を測る尺度にするこ

とは可能である。ただし、これらの利回りは時間加重収益率とは異なり、
金額加重で計算しているという意味で、運用者の能力を測る指標としては
あまり適当ではない。

約定ベースと受渡ベース

本書では、**約定日**（売買を執行した日）と**受渡日**（証券の決済がなされる日）の違いを意識していないが、本項でのみ両者の違いを、収益率に与える影響を中心に説明する。

「3月30日に売買した」といった場合、これが約定日である場合と受渡日である場合の両方の解釈ができる。たとえば、約定日が3月30日で受渡日が3日後の4月2日だとしよう。当期の収益率の計算期間を3月31日までとすると、**約定ベース**で収益率を計算すると考えればこの売買は収益率に反映されるが、**受渡ベース**で考える場合には、この売買は翌期に行われたことになるので収益率に反映されない。

運用者側から考えると、3月30日の市場動向をみて行われた投資行動であるから、収益率が正当に市場と比較されるためには、この売買は3月30日に行われたものと把握してほしい。実際、ファンドマネージャーの運用能力の評価については約定ベースで計算することが望ましいとされている。特に時間加重収益率は運用能力の評価が第一目的であるから、約定ベースがよりふさわしい。

しかしながら、運用委託者の立場では受渡ベースでの実績報告が望まれることがある。決算期に手元にどれだけの資産があり、いくらの収益を得られたかを勘定するのは、受渡ベースで考えるのが普通だからである。

例題

次のデータをもとに、次の収益率を時間加重収益率（修正ディーツ法）により求めよ。

- 2月末の時価総額　100億円
- 3月末の時価総額　105億円（銘柄Aを除く）

- 3月30日約定、4月3日受渡しで銘柄Aを10億円新規購入
- 3月末の銘柄Aの時価総額（約定ベース）11億円
- 4月末の時価総額　120億円（銘柄Aを含む）

(1)　3月、4月および3～4月の約定ベースの収益率

(2)　3月、4月および3～4月の受渡ベースの収益率

ヒント　約定ベースであれば購入日を3月30日、受渡ベースであれば購入日を4月3日と考え、それぞれ修正ディーツ法の計算式に当てはめればよい。

解答

(1)　3月の収益率　$\dfrac{(105+11)-100-10}{100+10\times2/31}=5.96\%$

　　4月の収益率　$\dfrac{120-(105+11)}{105+11}=3.45\%$

　　3月～4月の収益率　$(1+0.0596)\times(1+0.0345)-1=9.62\%$

(2)　3月の収益率　$\dfrac{105-100}{100}=5.00\%$

　　4月の収益率　$\dfrac{120-105-10}{105+10\times28/30}=4.37\%$

　　3月～4月の収益率　$(1+0.0500)\times(1+0.0437)-1=9.59\%$

約定から受渡しまでの間に月をまたぐ取引がある場合、約定ベースと受渡ベースでは、月次収益率に差が生じることがわかる。3月～4月の期間収益率でみても差が生じる。この原因を関連問題で探っていこう。

関連問題

●約定ベースと受渡ベースの比較

単純化するため銘柄Aの1銘柄のみを保有するファンドの収益率を考えていく。3月4日約定、3月7日受渡しで100株を1株130円で追加購入した。

第2章　収益率の計算・実務・　**105**

購入後、受渡日までに株価は150円まで上昇した。

　株価の推移、および約定ベース、受渡ベースそれぞれにおける数量、時価金額の推移、キャッシュフローの発生状況は次のとおりである。

日付	銘柄Aの株価	約定ベース			受渡ベース		
		数量	時価金額	CF	数量	時価金額	CF
2月28日	120	100	12,000		100	12,000	
3月1日	120	100	12,000		100	12,000	
3月2日	120	100	12,000		100	12,000	
3月3日	130	100	13,000		100	13,000	
3月4日	130	200	26,000	13,000	100	13,000	
3月7日	140	200	28,000		100	14,000	
3月8日	150	200	30,000		100	15,000	
3月9日	150	200	30,000		200	30,000	13,000
3月10日	150	200	30,000		200	30,000	
3月11日	160	200	32,000		200	32,000	
3月14日	150	200	30,000		200	30,000	

　日次評価法で約定ベースと受渡ベースそれぞれの収益率を計算し、結果を比較せよ。

（単位：％）

日付	収益率		
	株価	約定ベース	受渡ベース
3月1日	0.00	0.00	0.00
3月2日	0.00	0.00	0.00
3月3日	8.33	8.33	8.33
3月4日	0.00	0.00	0.00
3月7日	7.69	7.69	7.69
3月8日	7.14	7.14	7.14
3月9日	0.00	0.00	7.14
3月10日	0.00	0.00	0.00
3月11日	6.67	6.67	6.67
3月14日	−6.25	−6.25	−6.25
累積	25.00	25.00	33.93

ヒント 約定ベースの3月4日の収益率は26,000÷(13,000＋13,000)－1 ＝0%となる。

2.4で解説したとおり、有価証券の追加取得を行った場合、キャッシュフローを認識し、当該取引による時価総額の増加分が収益率に影響を与えないよう処理するのが時間加重収益率である。これに対して、受渡ベースの場合、3月9日は時価変動がないにもかかわらず、プラスの収益率が出てしまっている。

キャッシュフローの認識が受渡日まで後ずれするため、追加取得による時価総額の増加分を取り除く計算がうまく機能しないのである。つまり、株価が150円のときに130円で取得できたというように計算されてしまう。これが、もうひとつの受渡ベースによる収益率計算の弱点である。

2...12

先物込み収益率

先物取引は、まず初めに先物を買建てないしは売建てを行い、その後、反対売買ないしは満期日に「**差金決済**」することで取引が完結する形態である。

具体例をあげると、次のような取引である。

4月1日取引単位10,000の株式先物を1枚、1,600円の価格で買建てした。

4月5日価格が1,610円に上昇したところで、反対売買を行って決済し、

$(1,610 - 1,600) \times 1 \times 10,000 = 100,000$円の利益を獲得できた。

さて、先物価格が以下のように推移したとする。先物取引はどのように時価評価すればよいだろうか。

(単位：円)

	4月1日	4月2日	4月3日	4月4日	4月5日
先物価格	1,600	1,595	1,601	1,605	1,610

金融商品会計基準においては、「デリバティブ取引により生じる正味の債権及び債務は、原則として時価をもって貸借対照表価額とし」と規定されている。

これを平易に表現するならば、「評価日時点の終値で先物取引を差金決済したと仮定した場合に、受け取る権利がある金額（債権）、支払う義務がある金額（債務）を時価評価額とする」となるであろう。そして、その金額は次のように計算できる

買建ての取引：（評価日の終値 − 買建て時の価格）× 買建て枚数 × 取引単位

売建ての取引：（売建て時の価格 − 評価日の終値）× 売建て枚数 × 取引単位

取引単位が10,000の先物を4月1日に1枚、1,600円の価格で買建てないは売建てし、その後、上の表のとおりに価格が推移した場合の当該先物取引の時価評価額は以下のとおりである。

(単位：円)

	4月1日	4月2日	4月3日	4月4日	4月5日
買建ての場合	0	−50,000	10,000	50,000	100,000
売建ての場合	0	50,000	−10,000	−50,000	−100,000

　3月31日時点では、1,600万円の現物株式のみを保有しているファンドがある。4月1日に取引単位が10,000の株式先物を4月1日に1枚、1,600円の価格で買建てを行った。4月5日に1,610円の価格で反対売買を行い差金決済している。

　先物価格の推移は前頁と同じで、株式、現金、ファンド全体の時価評価額は以下のとおりである。それぞれの日次収益率と4月1日～4月5日の期間収益率を求めよ。

(単位：円)

	株式			現金	ファンド全体
	現物株式	先物のみ	合計		
3月31日	16,000,000	0	16,000,000	0	16,000,000
4月1日	16,000,000	0	16,000,000	0	16,000,000
4月2日	15,900,000	−50,000	15,850,000	0	15,850,000
4月3日	16,020,000	10,000	16,030,000	0	16,030,000
4月4日	16,070,000	50,000	16,120,000	0	16,120,000
4月5日	16,130,000	0	16,130,000	100,000	16,230,000

ヒント　先物取引を初めに買建て、売建てした際には、キャッシュフローは発生しないが、反対売買を行った際には、キャッシュフローが生じる。

解答

　4月5日において、株式で100,000円のキャッシュアウト、現金で100,000円のキャッシュインを認識する必要がある。ただし、ファンド内資産間での資金異動にすぎないため、ファンド全体でキャッシュフローを認識する必要

第2章　収益率の計算・実務　109

はない。

$$4月5日の株式：\frac{16,130,000}{16,120,000-100,000}-1、現金：\frac{100,000}{0+100,000}-1$$

（単位：％）

	株式	現金	ファンド全体
4月1日	0.00	0.00	0.00
4月2日	−0.94	0.00	−0.94
4月3日	1.14	0.00	1.14
4月4日	0.56	0.00	0.56
4月5日	0.69	0.00	0.68
期間収益率	1.44	0.00	1.44

4月5日の株式とファンド全体の収益率の間に0.004％の差が生じている。これは、株式相場が上昇したときに、ファンド内で現金をもったことによって、ファンド全体としての収益率が低下したことを意味している。

なお、収益率計算において、先物のみの収益率を把握したいというようなニーズは少ないものと考えられるが、これまで触れてきた計算方法（当日時価評価額÷前日時価評価額−1）によって計算した場合、4月3日は−120％、4月4日は400％と先物価格の推移からすれば異常な収益率が算定されてしまうため、注意が必要である。

要因分析における先物取引の影響の把握の仕方については、第3章を参照されたい。

GIPS®
（グローバル投資パフォーマンス基準）

　本章をお読みの方は、どこかで「GIPS」（ギップス）という言葉を聞いたことがあるかもしれない。「**GIPS®**」とは、Global investment performance standardsの頭文字をとったもので、**グローバル投資パフォーマンス基準**の略称である。

　GIPS基準は、運用会社による見込み・既存顧客に対する投資パフォーマンス実績の公正な表示と完全な開示を確保するために定められた、資産運用業界における世界共通の自主基準である。単一の基準のもとで、パフォーマンス測定とその開示が行われることによって、既存顧客ないしは見込み顧客が同種同類の投資戦略について、運用会社間の比較を行うことが容易となる。

　GIPS基準は、1999年にその第一版が米国のCFA Instituteにより定められ、本邦においても、この動きと同じくして1999年に日本証券アナリスト協会（SAAJ）がGIPS基準第一版をもとに「日本証券アナリスト協会投資パフォーマンス基準（SAAJ-IPS）」を制定し、その後、GIPS基準の内容の整備・改善を受けて、SAAJ-IPSは2006年にGIPS基準へと収れんされている。

　GIPS基準の大きな特徴は、パフォーマンスの開示がファンド単位ではなく、「コンポジット」単位で行われることである。ここで、コンポジットとは、同様の投資戦略に基づき運用される複数のファンドを1つにまとめたものと考えればよい。コンポジット単位でパフォーマンスを開示することによって、当該投資戦略について、その運用会社が会社全体としてどの程度の運用能力があるのかを明らかにすることが可能となる。

　GIPS基準のもとでどのような開示が求められるかは、GIPS基準の付属資料に例示が掲載されているので参照されたい。GIPS基準は、日本証券アナリスト協会のウェブサイトから閲覧可能である。

第2章　収益率の計算・実務・　**111**

GIPS基準は、投資パフォーマンス実績の公正な表示と完全な開示を確保することを目的としているため、種々の必須基準が設けられ、以下のような行為を防止するよう設計がなされている。

・パフォーマンスが不冴えであったファンドをコンポジットから除外すること

・コンポジット全体としてパフォーマンスが不冴えであった期間を開示の対象から除外すること

では、具体的にコンポジット・リターンの計算方法をみていこう。

GIPS基準では、コンポジット・リターンの計算に関し、その枠組みが示され、これを遵守することが求められている。

①コンポジット・リターンは、個々のファンドの収益率を資産額加重して計算すること

②資産額加重は、個々のファンドの期首残高、ないしは期首残高と外部キャッシュフローの両方を反映させる方法（期中平均残高など）を用いて計算すること

③コンポジット・リターンは月次で計測し、幾何リンクして期間収益率とすること

例題 1

国内株式中小型アクティブコンポジットは、A・B・Cの3ファンドから構成されている。各ファンドの4月の月次収益率および3月末時価総額は、以下のとおりである。

ファンド	ファンドリターン（％）	前月末時価総額（億円）
A	3.50	100
B	3.33	200
C	3.62	80
合計	–	380

4月のコンポジット・リターンを求めよ。なお、コンポジット・リターンの計算上、資産額加重は前月末時価総額にて行うこと。

解 答

$(3.50\% \times 100 + 3.33\% \times 200 + 3.62\% \times 80) \div 380 = 3.44\%$

なお、GIPS基準では、顧客による元本の追加・引出しによりポートフォリオが一時的に崩れ、ファンドマネージャーの意図した運用ができない期間があれば、当該キャッシュフローが生じたファンドをコンポジットから一時的に除外することが認められている。「ファンドマネージャーが意図どおりに運用できなくなる」水準は、「重大なキャッシュフロー」として、金額ないしは純資産額に対する割合として事前にコンポジットごとに定義しておかなければならない。恣意性を排除するための措置である。

同様に、元本の引出しが進んでファンドの残高が小さくなり、投資戦略が実現できなくなってしまう場合も考えられる。この水準は「最低資産額」として、事前にコンポジットごとに定義しておくことで、最低資産額に満たないファンドをコンポジットから除外することが可能となる。

例題 💬 2

国内株式中小型アクティブコンポジットにおいては、「重大なキャッシュフロー」は前月末時価総額の20%超と定義されている。例題1において、ファンドCにおいて4月中に25億円の元本の引出しがあったとする。この場合の4月のコンポジット・リターンを求めよ。

解 答

重大なキャッシュフローの判定　80億円×20%＝16億円＜25億円

ファンドCにおいて重大なキャッシュフローが発生したと判定され、ファンドCは4月において国内株式中小型アクティブコンポジットから一時的に除外される。このため、4月のコンポジット・リターンは、A・Bの2ファンドだけで資産額加重して計算する必要がある。

$(3.50\% \times 100 + 3.33\% \times 200) \div 300 = 3.39\%$

第2章　収益率の計算・実務・　　**113**

第3章

収益率の要因分析

達成した収益率の善し悪しを評価するのに一般的な方法は、市場の平均値（ベンチマーク）と比較することである。ベンチマーク収益率との間に差について、その原因を分析する手法が、要因分析である。

　個別資産、たとえば株式の収益率の対ベンチマーク超過収益率は、業種配分効果＋銘柄選択効果＋複合効果に分解できる。株式ポートフォリオはさまざまな業種で構成されており、将来高い収益率が期待できそうな業種についてはベンチマークよりも構成比を大きく（オーバーウェイト）し、そうでない業種については小さく（アンダーウェイト）するのが普通である。この業種構成比の決定が超過収益率に与えた影響部分を「業種配分効果」という。また、各業種それぞれのなかでの銘柄の選び方が超過収益率に与えた影響部分を「銘柄選択効果」という。

　次に、バランス型ファンドの収益率の対ベンチマーク超過収益率は、資産配分効果（アセットアロケーション効果）＋個別資産効果＋複合効果に分解できる。各ファンドは債券や株式等複数の資産で構成されているが、その資産の配分比率が超過収益率に与えた影響を資産配分効果という。また、各資産それぞれの運用自体が超過収益率に与えた影響部分を個別資産効果という。この2つ両方の影響が交じりあったものが複合効果である。

　本章の前半では上記のような要因分析の基本概念を説明する。後半では、運用スタイルにあわせてさまざまな切り口で要因分解を行う方法や、計算で生じる誤差などについて説明する。

3.1 ベンチマークとの比較（セクター別）

1.19で説明したとおり、投資パフォーマンス評価におけるベンチマークは「比較の対象」という意味をもっている。投資パフォーマンスをベンチマークと比較する使い方として大きく2つある。ひとつは収益率の比較、つまり「勝ったか、負けたか」である。もうひとつは構成比の比較、つまりベンチマークと比較してどの資産のどのセクターに多く投資をしたかである。この組合せにより、投資そのものが成功したか失敗したかという要因分析の話につながっていく（**3.2**参照）。

下表は、ある期の国内株式ポートフォリオの期末業種別構成比および収益率である。これをみて、次の文の空所に当てはまる言葉を語群より選べ。

・建設業の構成比は、対ベンチマーク比で（　）している。
・機械の構成比は、対ベンチマーク比で（　）している。
・銀行の収益率は、ベンチマーク収益率を（　）した。
・サービス業の収益率は、ベンチマーク収益率を（　）した。

	ポートフォリオ構成比（%）	ベンチマーク構成比（%）	ポートフォリオ収益率（%）	ベンチマーク収益率（%）
建　設	3.50	3.00	3.00	2.00
機　械	3.20	3.50	5.00	4.50
銀　行	12.00	15.00	−5.00	−4.00
サービス	2.10	2.00	6.00	5.40

語群：オーバーウェイト／アンダーウェイト／アウトパフォーム／アンダーパフォーム

第3章　収益率の要因分析　　117

> **ヒント** 構成比がベンチマーク構成比を上回っている状態が**オーバーウェイト**、下回っている状態が**アンダーウェイト**である。
>
> また、収益率がベンチマーク収益率を上回った状態が**アウトパフォーム**、下回った状態が**アンダーパフォーム**である。
>
> なお、ポートフォリオ収益率－ベンチマーク収益率を「超過収益率」（「**アクティブリターン**」ともいう）と呼ぶ。これがプラスならばアウトパフォーム、マイナスならばアンダーパフォームとなる。

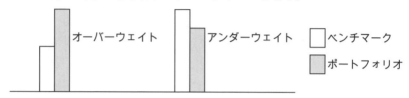

> **解答**
> (1) オーバーウェイト　　(2) アンダーウェイト
> (3) アンダーパフォーム　(4) アウトパフォーム

> **参考**
> 国内株式であれば**業種**分類のように、細かく分けたものを「**セクター**」（部門の意味）という。国内株式の場合は、ほかにも大型株・中型株・小型株という規模別の分類やバリュー株・グロース株というスタイル別の分類もセクターとなりうる（**4.14**参照）。
>
> 国内債券の場合は、短期債・中期債・長期債という残存期間別セクターに分類でき、さらに年限ごとに、償還まで○年未満の債券という細かいセクターに分けることも可能である。また、国債・事業債など種類別のセクターもあり、さらにこれらを組み合わせることもできる。
>
> 外国債券や外国株式の場合は、地域別や国別（または通貨別）で分類することが一般的である。

3.2 パフォーマンス要因分析

ポートフォリオの収益率をベンチマーク収益率と比較して、差が生じたのはなぜなのかを考えるうえで、よく用いられるのが「**要因分析**」(**ブリンソン型要因分析**) と呼ばれる手法である。

株式へ投資するポートフォリオの対ベンチマーク超過収益率は、一般にベンチマークに対してセクター(業種など)の選び方が良かったのか否か(**セクター配分効果**)、セクターのなかでの運用が良かったか否か(**銘柄選択効果**)といったように分析ができる。

株式ポートフォリオでよく用いられる分解方法は以下のとおりである。

超過収益率＝セクター(業種)配分効果＋銘柄選択効果＋複合効果

下表は、ある期における、ある国内株式ポートフォリオの運用実績表である。これをみて、

(1) 業種A・業種B・業種Cに配分した効果(業種配分効果)がプラスだったのか、それともマイナスだったのかを答えよ。

(2) 各業種別収益率の良否による効果(銘柄選択効果)がプラスだったのか、それともマイナスだったのかを答えよ。

	構成比 (%) ベンチマーク	構成比 (%) ポートフォリオ	収益率 (%) ベンチマーク	収益率 (%) ポートフォリオ
業種A	30.0	50.0	10.00	9.00
業種B	45.0	30.0	3.00	2.00
業種C	25.0	20.0	−1.00	−3.00
合計	100.0	100.0	4.10	4.50

第3章 収益率の要因分析

> **ヒント** 国内株式の業種は、たとえば東証であれば33業種あるが、ここでは簡単にするため3業種しかないという前提である。

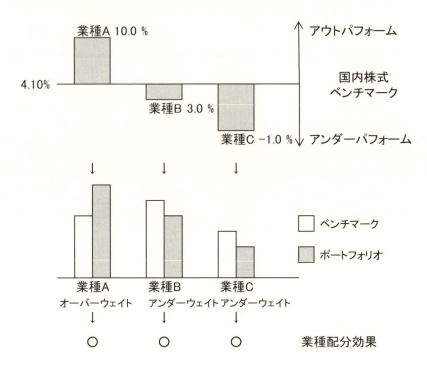

　国内株式のベンチマーク収益率は4.10%であり、これを上回っているかどうかで、各業種を「良かった業種」か「悪かった業種」に分けられる。
「良かった業種」は業種A、「悪かった業種」は業種Bと業種Cである。
　業種配分効果は下表のようになる。

ケース	業種別のベンチマーク収益率が国内株式ベンチマークの収益率を…	ポートフォリオ構成比がベンチマーク構成比を…	業種配分効果
Ⅰ	アウトパフォーム	オーバーウェイト	＋
Ⅱ	アンダーパフォーム	アンダーウェイト	＋
Ⅲ	アンダーパフォーム	アンダーウェイト	＋

つまり、3業種ともうまく「良かった業種」を多く組み入れ、「悪かった業種」を少なく組み入れることに成功している。必然的に、ポートフォリオ全体の業種配分効果はプラスになる。

また、銘柄選択効果は、業種別にポートフォリオとベンチマークの収益率を比較すればよい。3つの業種すべてにおいて、ベンチマークをアンダーパフォームしていることは明らかである。よって、ポートフォリオ全体の銘柄選択効果はマイナスになる。

	収益率（%）		銘柄選択効果
	ベンチマーク	ポートフォリオ	
業種A	10.00	9.00	−
業種B	3.00	2.00	−
業種C	−1.00	−3.00	−

ここで「銘柄選択効果」と呼んでいるのは、「業種別にみてポートフォリオとベンチマークの収益率に差が生じるのは、各業種のなかでの銘柄の選び方に優劣があるため」という考えに基づいている。

解答

(1) 業種配分効果はプラス　　(2) 銘柄選択効果はマイナス

参考 ・・・・・・・・・・・・・・・・・・・・・・・・・・・・・・・・・・・

例題では、業種配分効果と銘柄選択効果でプラスとマイナスが分かれた。この数値のどちらが大きいかによって、ポートフォリオ全体の収益率がベンチマークをアウトパフォームするかどうかが決まる。例題の表をみると、ベンチマーク収益率が4.10%に対して、ポートフォリオ収益率は4.50%であり、アウトパフォームしている。業種別にみるとすべての業種でアンダーパフォームであるにもかかわらず（すなわち、銘柄選択効果がマイナス）、ポートフォリオ全体ではアウトパフォームしていることがわかる。つまり、銘柄選択効果のマイナスを補ってあまりあるだけの業種配分効果が得られたことになる。

第3章　収益率の要因分析　　**121**

本項では、計算をせずにイメージだけで説明してきたが、現実にはこれほどはっきりとプラスとマイナスに分かれることはほとんどないので、セクターごとに足し上げ計算が必要になってくる。実際の計算方法については、次項以降で説明をする。

3...3

セクター別要因分析の計算

　ここでは、国内株式を例にセクター（業種）別要因分析の簡単な計算を行うことにする。国内株式ポートフォリオであれば、業種を決定したプロセスの善し悪しがどの程度貢献したのか、また、各業種のなかでの銘柄選択の善し悪しがどの程度貢献したのかを測定することが要因分析の基本である。

　セクター別要因分析は、一般に前項で紹介したとおり、以下のように分ける。

超過収益率＝セクター配分効果＋銘柄選択効果＋複合効果

　各効果は、セクターごとにそれぞれ次の式で求められる。また、各効果が超過収益のうちのどの部分に当たるのかを図示したものが次の図である。図の大きい長方形ＯＡＢＣがポートフォリオ収益率、小さい長方形ＯＤＥＦがベンチマーク収益率である。超過収益率はアミのかかった部分の面積となり、これをア・イ・ウの３つの部分に分解する。

セクター配分効果
＝（ベンチマークのセクター別収益率－資産ベンチマーク収益率）×
**　（ポートフォリオのセクター構成比－ベンチマークのセクター構成比）**
‥‥‥‥‥‥‥‥‥‥‥‥‥‥‥‥‥‥‥‥‥‥‥‥‥‥‥‥‥‥‥‥‥‥‥‥‥‥‥図ア

　セクター配分効果は、セクター内はベンチマークどおりの運用だったと仮定して、実際の構成比が与えた影響を取り出している。

銘柄選択効果
＝（ポートフォリオのセクター別収益率－ベンチマークのセクター別収
**　益率）×ベンチマークのセクター構成比‥‥‥‥‥‥‥‥‥‥‥‥‥‥‥図イ**

第３章　収益率の要因分析　　**123**

銘柄選択効果は、構成比はベンチマークどおりの運用として、業種内の実際の収益率が与えた影響を取り出している。

複合効果
=（ポートフォリオのセクター別収益率－ベンチマークのセクター別収益率）×（ポートフォリオのセクター構成比－ベンチマークのセクター構成比）･･ 図ウ

複合効果はセクター配分と銘柄選択の両方の影響を受ける部分である。
ポートフォリオ全体の各効果はすべてのセクターについて、それぞれの各効果を合計することで算出できる。

【業種ごとの計算】

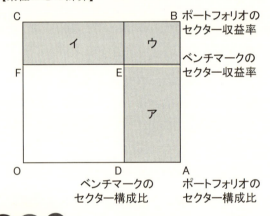

例題 1

国内株式が下表の3業種に分けられると仮定する。

	構成比（％）		収益率（％）	
	ベンチマーク	ポートフォリオ	ベンチマーク	ポートフォリオ
業種A	30.0	50.0	10.00	9.00
業種B	45.0	30.0	3.00	2.00
業種C	25.0	20.0	－1.00	－3.00
合計	100.0	100.0	4.10	4.50

表のようなポートフォリオについて、

(1) 当期のポートフォリオの対ベンチマーク超過収益率を求めよ。

(2) 超過収益率を、業種配分効果＋銘柄選択効果＋複合効果に分解せよ。

解答

(1) 対ベンチマーク収益率は単純にポートフォリオとベンチマーク収益率の差で、

$$4.50\% - 4.10\% = 0.40\%$$

(2) 業種Aの業種配分効果は、

$$(10.00\% - 4.10\%) \times (50.0\% - 30.0\%) = 1.18\%$$

銘柄選択効果は、

$$(9.00\% - 10.00\%) \times 30.0\% = -0.30\%$$

複合効果は、

$$(9.00\% - 10.00\%) \times (50.0\% - 30.0\%) = -0.20\%$$

業種B、Cも同様に算出すると下表のようになる。

ポートフォリオ全体での各効果は各業種の効果を合計すればよい。

セクター配分効果は、

$$1.18\% + 0.17\% + 0.26\% = 1.60\%$$

銘柄選択効果は、

$$-0.30\% - 0.45\% - 0.50\% = -1.25\%$$

複合効果は、

$$-0.20\% + 0.15\% + 0.10\% = 0.05\%$$

	セクター配分効果（%）	銘柄選択効果（%）	複合効果（%）
業種A	1.18	-0.30	-0.20
業種B	0.17	-0.45	0.15
業種C	0.26	-0.50	0.10
各効果合計	1.60	-1.25	0.05
超過収益率	0.40		

第3章　収益率の要因分析　**125**

すべての業種における各効果の合計は0.40%であり、これは(1)の超過収益率に一致する。

参考 ●

3.2の例題では各業種とも業種配分効果がプラス、銘柄選択効果がマイナスであった。本例題では、構成比の影響も考慮して、数値を算出することができた。

また、上記の例題では、各業種の各効果をそれぞれ合計することで、ポートフォリオ全体の各効果を求めたが、一方で、以下のように業種配分効果と銘柄選択効果をポートフォリオ全体において計算することもできる。

業種配分効果は、「業種内はベンチマークどおりで、構成比は実際のポートフォリオの構成比とした場合の収益率」と「ベンチマーク収益率」との差分で計算できる。すなわち、業種配分をアクティブ（ベンチマークと異なる構成）、その他（銘柄選択）はパッシブ（ベンチマークと同じ構成）としたと仮定したときの超過収益率である。

「業種内はベンチマークどおりで構成比は実際のポートフォリオの構成比とした場合の収益率」は、

$10.00\% \times 50.0\% + 3.00\% \times 30.0\% - 1.00\% \times 20.0\% = 5.70\%$

ベンチマーク収益率は4.10%なので、

$5.70\% - 4.10\% = 1.60\%$

銘柄選択効果も同様に算出することができる。

$9.00\% \times 30.0\% + 2.00\% \times 45.0\% - 3.00\% \times 25.0\% = -2.85\%$

ベンチマークとの差分は$2.85\% - 4.10\% = -1.25\%$

複合効果は業種配分、銘柄選択の効果単体で説明できていない残差としても考えることができるので、超過収益率からそれぞれを引いて、

$0.40\% - 1.60\% - (-1.25\%) = 0.05\%$

となる。

関連問題　1

●銘柄選択効果と複合効果の扱い

銘柄選択効果の計算式を、

　　銘柄選択効果＝（ポートフォリオのセクター別収益率－ベンチマークの
　　　セクター別収益率）×ポートフォリオのセクター構成比

と定義する場合もある。これは、本項冒頭の定義式とどのような意味の違いがあるか答えよ。

ヒント　この定義の銘柄選択効果は、冒頭の図のどの部分を示しているか考える。

本項冒頭の定義では、セクター配分効果、銘柄選択効果、複合効果がそれぞれ図のア、イ、ウを表していた。

一方で、ポートフォリオの資産構成比を用いて、銘柄選択効果を定義する場合、図のイとウの合計を表していることになる。この定義は、複合効果という項をつくらずに、これをすべて銘柄選択効果に含めて説明する方法であり、超過収益率を以下の式のように分けることになる。

　　超過収益率（図ア＋イ＋ウ）＝セクター配分効果（図ア）＋銘柄選択効果（図
　　　イ＋ウ）

また、各効果の比率で按分（比例配分）してそれぞれに振り分ける方法や、非保有セクターについては、セクター配分効果のみ算出し、銘柄選択効果・複合効果を0とする方法などもある（按分の場合は、負の値をそのまま用いると異常値になりうるので、絶対値にするなどの処理が必要である）。

例題2では、個別銘柄の計算にさかのぼって意味を確認したい。

例題 … 2

国内株式のベンチマークの対象となる銘柄が次の表の15銘柄のみとし、業種はA、Bの2業種しかないとする。そのうち、表のように5銘柄を保有しているポートフォリオがある。簡単にするため期中の取引がないものとし

第3章　収益率の要因分析　　**127**

て、

(1) 当期のポートフォリオの対ベンチマーク超過収益率を求めよ。

(2) 超過収益率を、国別配分効果＋銘柄選択効果＋複合効果に分解せよ。

業種	銘柄	ベンチマーク株数	ポートフォリオ株数	時価単価	
				前期末	当期末
A	1	4,000	0	9,100	9,800
A	2	2,500	0	10,400	11,900
A	3	6,000	1,500	18,200	19,880
A	4	10,000	0	7,800	8,540
A	5	8,000	0	10,400	11,900
A	6	13,000	1,700	24,700	25,900
A	7	7,000	1,000	7,800	7,700
A	8	5,000	0	13,000	14,000
A	9	12,000	0	10,400	10,920
A	10	4,500	0	7,800	8,680
B	11	7,500	500	15,400	13,680
B	12	5,000	0	16,800	15,120
B	13	4,500	600	12,600	11,808
B	14	7,000	0	11,200	11,232
B	15	5,500	0	14,000	11,376

解答

(1) まず、市場とポートフォリオの前期末および当期末の時価総額は、次の表のようになる。

取引がないので、ベンチマークとポートフォリオの収益率はそれぞれ、時価総額の上昇率を単純に計算すればよい。

ベンチマーク収益率 = 1,372,058,000 ÷ 1,345,000,000 − 1 = 2.01%

ポートフォリオ収益率 = 95,474,800 ÷ 92,350,000 − 1 = 3.38%

超過収益率 = 3.38% − 2.01% = 1.37%

業種	銘柄	市場時価総額 （株数×単価）		ポートフォリオ時価総額 （株数×単価）	
		前期末	当期末	前期末	当期末
A	1	36,400,000	39,200,000		
A	2	26,000,000	29,750,000		
A	3	109,200,000	119,280,000	27,300,000	29,820,000
A	4	78,000,000	85,400,000		
A	5	83,200,000	95,200,000		
A	6	321,100,000	336,700,000	41,990,000	44,030,000
A	7	54,600,000	53,900,000	7,800,000	7,700,000
A	8	65,000,000	70,000,000		
A	9	124,800,000	131,040,000		
A	10	35,100,000	39,060,000		
小計		933,400,000	999,530,000	77,090,000	81,550,000
B	11	115,500,000	102,600,000	7,700,000	6,840,000
B	12	84,000,000	75,600,000		
B	13	56,700,000	53,136,000	7,560,000	7,084,800
B	14	78,400,000	78,624,000		
B	15	77,000,000	62,568,000		
小計		411,600,000	372,528,000	15,260,000	13,924,800
合計		1,345,000,000	1,372,058,000	92,350,000	95,474,800

(2)　業種A・Bそれぞれの構成比および収益率（時価総額の上昇率）は、次の表のようになる。

　　ここで、ひとつ問題点がある。それは、構成比をどのような基準で算出するかである。この例題の場合は期中の売買（キャッシュフロー）がないという前提であるため、日次評価法ばかりでなく修正ディーツ法であっても、期中平残は前期末残高に等しくなる。したがって、構成比は、ベンチマーク・ポートフォリオともに前期末の時価総額の構成比をそのまま用いてよい。

業種	構成比 (%)			収益率 (%)		
	ベンチマーク A	ポートフォリオ B	差 C=B−A	ベンチマーク D	ポートフォリオ E	差 F=E−D
A	69.4	83.5	14.1	7.08	5.79	−1.30
B	30.6	16.5	−14.1	−9.49	−8.75	0.74
計	100.0	100.0	0.0	2.01	3.38	1.37

よって、業種配分効果および銘柄選択効果は、次の表のようになる。

業種	業種別配分効果(%) G=(D−Dの合計)×C	銘柄選択効果(%) H=F×A	複合効果(%) I=F×C	効果計(%) J=G+H+I
A	0.71	−0.90	−0.18	−0.37
B	1.62	0.23	−0.10	1.74
計	2.33	−0.67	−0.29	1.37

参 考 ●

この場合も複合効果の項目を設けずに、

対ベンチマーク超過収益率＝セクター配分効果＋銘柄選択効果

とすることもできる。

関連問題　2

● 要因分析における配当金の扱い

本項の例題では配当金が存在しないという前提で計算したが、配当金がある場合にはどのように計算が変わるか。

ヒント　配当金のデータが国別に取得可能であれば、それらはポートフォリオの国別収益率に反映できる。配当金はキャッシュアウトとなり、ポートフォリオの平残構成比も変化する。使用するベンチマークも、配当込みのものが望ましい。

結果的には、配当金によって超過収益率が変化した分は、国別配分効果

と銘柄選択効果に振り分けられる。

　配当金のデータを国別に把握することが実務的に不可能な場合は、配当金を除いて通常どおり効果を計算すればよい。この場合、配当金によって超過収益率が上昇した分は、国別配分効果や銘柄選択効果とは別に、「配当金効果」のような項目に分類されることになる。

　なお、配当金以外にも、収益率を低下させる要因として税金や手数料などもあるが、これらもセクター別に把握できれば要因分解できるし、セクター別に分けられないものであれば、税金効果や手数料効果などの別枠を設定することになる。

複合ベンチマーク

3 ... 4

ベンチマーク収益率は、株式ならば業種別や規模別の収益率があり、債券ならば年限別や種類別、外貨建て資産であればこれに加えて国別の収益率がある。さらに、これらを集計した資産ごとのベンチマーク収益率が国内債券・国内株式・外国債券・外国株式・現金等の資産に分かれて存在する。

それでは、複数資産クラスが組み入れられたバランス型ファンドにおけるベンチマーク収益率は何を用いるのが適切だろうか。バランス型ファンドの合計の収益率が3%だとして、この数字は何と比較すればよいのだろうか。ここで登場するのが複合ベンチマークである。

バランス型ファンドの収益は、組み入れた各資産の収益率と、その構成比によって決定される。したがって、各資産がベンチマークと同じ収益率で、構成比は運用委託者側と約束している基本構成比となる仮想のファンドと比較することで評価ができる。このファンドを**複合ベンチマーク**と呼び、資産ごとのベンチマーク収益率を基本方針の資産別構成比で加重平均して求めればよい。ファンドによって構成比が異なるので、複合ベンチマークは当然、ファンドによって異なる値をとる。

例題

次のファンドの複合ベンチマークの収益率を求めよ。

	基本方針（%）	平残構成比（%）	ベンチマーク収益率（%）	ファンド収益率（%）	差（%）
国内株式	45.0	30.0	5.00	6.00	1.00
外国株式	45.0	60.0	−3.00	−2.00	1.00
現金	10.0	10.0	0.10	0.10	0.00
合計	100.0	100.0		0.61	

ヒント 基本方針構成比は、運用委託者側との約束で予定していたアセットアロケーションの基本となる構成比である。したがって、「各資産ともベンチマークと同じ収益率が得られたとして、実際の平残構成比が基本方針の構成比と同じになるように運用していれば、ファンド合計の収益率はどうなっていただろうか」という疑問の答えが、複合ベンチマークということになる。

なお、加重平均の計算方法については**1.8**を参照。

解 答

$(5.00\% \times 45.0\% - 3.00\% \times 45.0\% + 0.10\% \times 10.0\%) = 0.91\%$

ファンド収益率は0.61%なので、ベンチマークをアンダーパフォームしている。

関連問題　1

●複合ベンチマークの計算方法の比較

例題では複合ベンチマークを基本構成比で計算をしたが、ファンドの実際の構成比は運用担当者の方針や時価の変動等、必ずしも基本構成比を維持しているわけではなく、実際の構成比は平残構成比である。そのため、平残構成比を用いたほうが、ベンチマークとしてもよいのではないかという疑問が生じるかもしれない。例題において平残構成比を用いて複合ベンチマークを計算してみる。

ヒント 平残構成比を用いた場合、複合ベンチマークは以下のようになる。

$(5.00\% \times 30.0\% - 3.00\% \times 60.0\% + 0.10\% \times 10.0\%) = 0.29\%$

ファンドの収益率はこのベンチマークと比較すればアウトパフォームといえるが、これは適切なのであろうか。この例題は、基本方針が、国内株式・外国株式45%ずつ、10%が現金という指定があったにもかかわらず、アセットアロケーション担当者の判断により、外国株式に資金を多くつぎ

第3章　収益率の要因分析　　**133**

込んだケースである。ところが、当てが外れて、海外株式は低い収益率であったため、基本方針から計算された複合ベンチマークはアンダーパフォームしてしまっている。このアンダーパフォームの要因は明らかに資産配分が裏目に出たことである。

次に、平残から計算されるベンチマークをアウトパフォームした要因を考える。各資産の銘柄の選び方自体は良く、資産ごとにはベンチマークをアウトパフォームしているので、ファンドの構成比とベンチマークの構成比を一致させた場合、ファンドはアウトパフォームしていることになる。これが平残で計算したベンチマークに勝った要因である。ただし、運用委託者はどう思うだろうか。「何がアウトパフォームなものか。基本方針を無視して大損した責任はどうとってくれるんだ」といって怒り出すに違いない。平残を使う方法は計算方法からわかるとおり、アセットアロケーション担当者の資産配分の判断が反映されていない。

資産別ベンチマークを基本方針構成比で加重平均して複合ベンチマークを求めれば、例題のとおり、0.91%が複合ベンチマークとなり、ファンド全体の収益率−0.61%と比較すると−0.30%アンダーパフォームしたことになる。これは、海外株式の構成比を増やして運用したことによる失敗の責任は、明確に数字上に表れたといえる。

この数値例はやや極端である。しかし、基本方針どおり、0.01%も違わず運用することもまた非現実的であり、基本方針構成比と実際の構成比の間には多かれ少なかれ差があるはずである。このとき、実際の平残構成比で加重平均して複合ベンチマークを求めたのでは、超過収益率は単に資産別の超過収益率を加重平均したものにしかならず、アセットアロケーション担当者が成功しようが失敗しようが、その責任部分が超過収益率に表れなくなってしまうのである。一方、基本方針構成比で加重平均した複合ベンチマークを用いれば、超過収益率にはアセットアロケーションの巧拙の影響がしっかり含まれることになる。この点については、この後の**3.6**でさらに詳しく説明する。

関連問題 2

●複合ベンチマークの間違った計算方法

ベンチマーク指数が下表のような値であったときに、複合ベンチマークを次の方法で求めた人がいた。この方法は正しいといえるか。

「国内株式のベンチマーク指数は、1,200から1,080に低下（収益率－10.00％）。外国株式のベンチマーク指数は、800から880に上昇（収益率10.00％）。

　よって、期初と期末の指数を50：50で加重平均すると、1,000から980に変化したことになることから、複合ベンチマーク収益率は、

$(980 - 1,000) \div 1,000 = -2.00\%$ となる」

	基本方針（％）	期初指数	期末指数	ベンチマーク収益率（％）
国内株式	50.0	1,200	1,080	－10.00
外国株式	50.0	800	880	10.00
合計	100.0	1,000	980	－2.00

ヒント　　この方法は間違いである。なぜならば、指数そのものの絶対的な大きさに左右されるからである。前記の数値例ではそれが目立たないが、仮に下表のように国内株式の指数が12,000→10,800だとすると、国内株式の影響を大きく受けた複合ベンチマークになる。正しくは、－10.00％と10.00％を50：50で加重平均して、0.00％となる。

	基本方針（％）	期初指数	期末指数	ベンチマーク収益率（％）
国内株式	50.0	12,000	10,800	－10.00
外国株式	50.0	800	880	10.00
合計	100.0	6,400	5,840	－8.75

　同様の間違いは、為替レートの上昇率の平均を求める場合にも犯しやすい。為替レートの値そのものを加重平均すると、その絶対的な大きさに左右されるので、上昇率を計算してから加重平均しなければならない。

第3章　収益率の要因分析　　**135**

3...5

複合ベンチマークの累積

　前項では、ベンチマークを基本構成比で加重平均するという原則どおりの方法で複合ベンチマークを算出した。複数期間の複合ベンチマークはどのように計算したらよいのだろうか。単位期間、つまり日次評価法では1日、修正ディーツ法では1カ月の計算に関してはこれでよいが、複数の単位期間が積み重なると計算上の問題が生じる。具体的な計算をしながら、どのような数字の違いが出るかを調べることにする。

例題...

　次のファンドの5日間の複合ベンチマーク収益率を、基本方針構成比で加重平均する方法で求めた。このとき、5日間の複合ベンチマーク収益率を(1)(2)それぞれの方法で求めよ。

(1)　各資産のベンチマーク収益率を加重平均により算出。

(2)　日次の複合ベンチマーク収益率を加重平均により算出し、その2つをリンク。

	基本方針 (%)	日次ベンチマーク収益率（%）				
		1日	2日	3日	4日	5日
国内株式	50.0	1.00	1.00	2.00	1.00	2.00
外国株式	50.0	−1.00	−1.00	−2.00	−1.00	−2.00
複合ベンチマーク	100.0	0.00	0.00	0.00	0.00	0.00

ヒント　5日間の収益率が、日次の収益率の足し算で求められるとすれば（単利計算）、両者は一致するはずである。しかし、複数期間の収益は複利であるので、一致しないのは、5日間の収益率をリンク計算で求めるために収益再投資の効果が両者で異なるからである。この誤差要因について

は、**3.8**で説明する。

解答

(1) 5日間の国内株式のベンチマーク収益率は、

$$(1+1.00\%)^3 \times (1+2.00\%)^2 - 1 = 7.19\%$$

5日間外国株式のベンチマーク収益率は、

$$(1-1.00\%)^3 \times (1-2.00\%)^2 - 1 = -6.81\%$$

よって、複合ベンチマークは、

$$7.19\% \times 0.5 + (-6.81\%) \times 0.5 = 0.19\%$$

(2) 5日間の複合ベンチマーク収益率はいずれも0.00%。

よって、複合ベンチマーク収益率は、

$$(1+0.00\%)^5 - 1 = 0.00\%$$

参考 •

　解答(1)の方法は、加重平均が一度ですむので、計算が楽であるが、厳密さに欠ける。一方、解答(2)の方法は、基本方針どおり市場の平均と同じような運用をしたら収益率がどうなるかという実態にあう点、また、どの期間をとってリンクしても通期の値と必ず一致するというメリットがある。そもそも、分析期間中に基本方針が変更されうる場合には、解答(1)の方法では対応できないため、面倒でも解答(2)の方法に頼ることになろう。

資産別要因分析の計算

3.3では、単一資産ポートフォリオのセクター別要因分析を説明した。本項では、資産別の要因分析について説明する。

たとえば、複数資産に投資するファンドで、資産配分構成比を決定する人と資産別に運用する人が別々のセクションに役割分担されているとして、それぞれのセクションが超過収益率にどの程度「寄与」したかを実数値として表現できる。そして、超過収益率（ファンド収益率－ベンチマーク収益率）の値は、2つの効果および複合効果の足し算というかたちで以下のように分解することができる。

　　超過収益率＝資産配分効果＋個別資産効果＋複合効果

それぞれの効果は次の式で求められる。

　　資産配分効果＝（ベンチマークの資産別収益率－複合ベンチマークの収益率）×（ファンドの資産構成比－基本方針構成比）‥‥‥図ア

右辺の第1項が大きければ大きいほど、その資産が収益率の高い「良い資産」ということを示し、また、第2項が大きければ大きいほど、その資産のウェイトを大きく投資したことを示す。なお、第2項の構成比の差を「ティルト幅」や「アクティブウェイト」とも呼ぶ。

　　個別資産効果＝（ファンドの資産別収益率－ベンチマークの資産別収益率）×基本方針構成比………………………………………図イ

右辺の第1項はその資産の超過収益率である。そこに基本方針構成比を掛けることによって、個別資産の超過収益率が薄まり、ファンド全体に与えた影響を測ることができる。

複合効果＝（ファンドの資産別収益率－ベンチマークの収益率）×（ファンドの資産構成比－基本方針の構成比） ……………………… 図ウ

複合効果は、資産配分の要因と個別資産の要因が交じりあっている部分（「交差項」ともいう）であり、超過収益率から資産配分効果と個別資産効果を引いた残りとしても求められる。

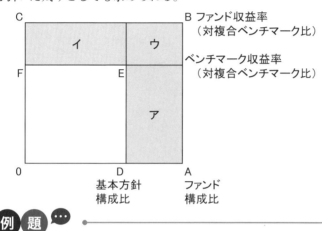

例題

下表は、ある期における、あるファンドの運用実績表である。
これをみて、
(1) 国内株式・外国株式・現金に配分した効果（資産配分効果）を求めよ。
(2) 国内株式・外国株式・現金それぞれの資産の収益率が良かったかどうかによる効果（個別資産効果）を求めよ。
(3) (1)と(2)の両方の要因による効果（複合効果）を求めよ。

	構成比（%）		収益率（%）	
	基本方針	ファンド	ベンチマーク	ファンド
国内株式	50.0	52.0	7.00	9.00
外国株式	50.0	47.0	1.00	3.00
現金	0.0	1.0	0.05	0.05
合計	100.0	100.0	4.00	6.09

ヒント　　まず、資産配分効果を求める。

　　たとえば、国内株式の資産配分効果は、

　　$(7.00\% - 4.00\%) \times (52.0\% - 50.0\%) = 0.06\%$

となる。国内株式はベンチマーク自体が他の資産と比べ収益率が高い資産であったので、そこへ基本方針構成比よりもオーバーウェイトとしたことが、ファンド全体の収益率に寄与したことを表している。同様に他の資産についても計算し、その和がファンド全体の資産配分効果となる。

　　次に、個別資産効果を求める。たとえば、国内株式の個別資産効果は、

　　$(9.00\% - 7.00\%) \times 50.0\% = 1.00\%$ となる。

第1項は国内株式の超過収益率2.00%である。国内株式の構成比は50.0%にすぎないので、効果も50.0%に薄められるという意味の式になっている。同様に、他の資産の個別資産効果を求め、その和がファンド全体の個別資産効果となる。最後に、複合効果を求める。

解答

それぞれ、下表のとおり。

	構成比（%）			収益率（%）		
	基本方針 A	ファンド B	差 C=B-A	ベンチ マーク D	ファンド E	差 F=E-D
国内株式	50.0	52.0	2.0	7.00	9.00	2.00
外国株式	50.0	47.0	-3.0	1.00	3.00	2.00
現金	0.0	1.0	1.0	0.05	0.05	0.00
合計	100.0	100.0	0.0	4.00	6.09	2.09

	資産配分効果(%) (D-Dの合計)×C (1)	個別資産効果(%) F×A (2)	複合効果(%) F×C (3)	合計(%) (1)+(2)+(3)
国内株式	0.06	1.00	0.04	1.10
外国株式	0.09	1.00	-0.06	1.03
現金	-0.04	0.00	0.00	-0.04
合計	0.11	2.00	-0.02	2.09

解答の表で、資産配分効果・個別資産効果・複合効果の合計が2.09%であり、これは、ファンド収益率－ベンチマーク収益率に等しいことがわかる。つまり、

　　超過収益率＝資産配分効果＋個別資産効果＋複合効果

というかたちに分解できたことになる。

セクター別要因分析と同様に、複合効果を設けずに、個別資産効果に含める等の処理を行う場合もある。

関連問題　1

● **資産配分効果の別の計算方法**

資産配分効果の計算式を、

　　ベンチマークの資産別収益率×（ファンドの資産構成比－基本方針構成比）

と定義する場合もある。これは、本項冒頭の定義式とどのような意味の違いがあるか答えよ。

ヒント　ベンチマーク収益率の部分を、絶対的な値でとらえるか、それとも複合ベンチマークとの差による相対的な値でとらえるかの違いである。例題を絶対収益率で計算すると、下表のように変わる。

	資産配分効果(%) D×C (1)	個別資産効果(%) F×A (2)	複合効果(%) F×C (3)	合計 (1)+(2)+(3)
国内株式	0.14	1.00	0.04	1.18
外国株式	−0.03	1.00	−0.06	0.91
現金	0.00	0.00	0.00	0.00
合計	0.11	2.00	−0.02	2.09

2つの方法の違いを資産ごとに足しあげればプラスマイナスゼロになる

ため、資産配分効果の合計はどちらも0.11%で一致している。つまり、資産間で値が入り食っただけなのである。

　外国株式の資産配分効果はプラスだったのに、この方法ではマイナスに変わった。収益率そのものがプラスだったという点では外国株式は「良い資産」だったといえるが、他の資産と比較したときに相対的に収益率が低かったと考えれば外国株式は「悪い資産」だったことになる。2つの計算方法の違いは、そのような考え方の違いを反映するものである。

関連問題　2

●超過収益率と効果の違い

　解答の数値で、「国内株式の超過収益率（2.00%）と国内株式の効果の合計（1.18%）との違いは何ですか」と新入社員のA君に質問された。どのように答えればよいか。

ヒント　資産別の超過収益率と資産別の効果はまったく別物で、比較の対象とはならない。国内株式の効果1.18%とは、ファンド全体の超過収益率2.00%の貢献度を資産別に分解したときに国内株式が占める部分である。3資産の効果を足し算すれば2.09%に一致する仕組みになっている。

　一方、2.00%は、あくまで資産別にみた場合の国内株式の超過収益率である。この違いは混乱しやすいので注意が必要である。

3.7 銘柄別要因分析の計算

3.2で説明した銘柄選択効果と言葉はまぎらわしいが、銘柄別の寄与度を求めることも可能である。いわば、配分すべきセクターを、最小単位の銘柄に求めたものである。この場合は、セクター配分効果の代わりに**銘柄配分効果**となり銘柄選択効果に当たるものは存在しない。

例題

3.3の例題2について、超過収益率を、銘柄1から銘柄15までの銘柄別寄与度に分解せよ。

ヒント

3.3で業種AとBの2つに分けた代わりに、銘柄別に15分類に配分したと考えて、同じような計算をすればよい。

次の表で、A列の収益率は、銘柄別の時価金額の上昇率に当たる。B列およびC列の構成比は、全体を100%としたときの、銘柄ごとの時価金額の前期末割合である。

解答

次の表のE列のとおり。

銘柄	収益率(%) A	構成比 (%) ベンチマーク B	構成比 (%) ポートフォリオ C	差 D=C−B	銘柄別寄与度(%) E=(A−Aの合計)×D
1	7.69	2.7	0.0	−2.7	−0.15
2	14.42	1.9	0.0	−1.9	−0.24
3	9.23	8.1	29.6	21.4	1.55
4	9.49	5.8	0.0	−5.8	−0.43

5	14.42	6.2	0.0	−6.2	−0.77
6	4.86	23.9	45.5	21.6	0.61
7	−1.28	4.1	8.4	4.4	−0.14
8	7.69	4.8	0.0	−4.8	−0.27
9	5.00	9.3	0.0	−9.3	−0.28
10	11.28	2.6	0.0	−2.6	−0.24
11	−11.17	8.6	8.3	−0.2	0.03
12	−10.00	6.2	0.0	−6.2	0.75
13	−6.29	4.2	8.2	4.0	−0.33
14	0.29	5.8	0.0	−5.8	0.10
15	−18.74	5.7	0.0	−5.7	1.19
合計	2.01	100.0	100.0	0.0	1.37

　銘柄別寄与度の15銘柄の合計は1.37%であり、これは超過収益率に等しい。つまり、超過収益率は銘柄別配分効果にすべて分解しきれたことになり、セクター要因分析の場合の銘柄選択効果に該当するものは何も残らない。

　セクター要因分析における銘柄選択効果は、言い換えれば、「セクターに配分した効果を算出したときに、それで説明しきれなかった残りの部分」ということである。銘柄別要因分析の場合は、銘柄という最小単位で分析するのでそこですべて説明がつき、説明しきれない部分は何も残らないのである。

　また、ポートフォリオが保有していない銘柄にも寄与度が計算されるが、保有していないということは、市場と比較してアンダーウェイトしたことを意味する。したがってこのような銘柄は、収益率がベンチマークより相対的によければマイナスに寄与したといえるし、悪ければプラスに寄与したといえるのである。すなわち、ベンチマークを意識するファンドマネージャーにとっては、ある銘柄を保有しないという判断も当然評価に含まれるのである。

3···8

要因分析の累積

ここまでの説明は、日次評価法であれば1日、修正ディーツ法であれば1カ月、といった単位期間について適応できる要因分析の計算方法であった。

ここでは、日次評価法の5日間の要因分析を例に、単位期間の効果を累積する方法について説明する。

まず、ポートフォリオとベンチマークの収益率は日次の収益率のリンク計算で求める。ただし、5日間の超過収益率は日次の超過収益率をリンクするのではなく、あくまで、「5日間のポートフォリオ収益率−5日間のベンチマーク収益率」で求める。なぜなら、日次の超過収益率をリンクする場合、ポートフォリオとベンチマークが得た複利効果は異なるからである。

要因分析の各効果についても、リンク計算で求めることができる。ただし、ここでも複利効果の影響について考えなければならない。実際に、各効果に表れる複利効果と、ポートフォリオとベンチマークの複利効果の差が異なることで、各要因の合計は累積の超過収益率と一致しない。この累積誤差を**リンク誤差**と呼ぶ。このリンク誤差は各効果を単純にリンク（幾何リンク）するよりも縮小する計算方法も考案されており、これについては例題2で触れる。

例 題 ●●● 1

次表をもとに、5日間のポートフォリオ収益率・ベンチマーク収益率・超過収益率・業種配分効果・複合効果をそれぞれ求めよ。要因分析の各効果は単純に幾何リンクし、累積誤差はすべて複合効果に含めよ。

第3章 収益率の要因分析　145

（単位：%）

	1日	2日	3日	4日	5日
ポートフォリオ収益率	2.00	1.00	2.00	−1.00	1.00
ベンチマーク収益率	1.50	0.50	1.50	−2.00	0.50
超過収益率	0.50	0.50	0.50	1.00	0.50
業種配分効果	0.40	0.20	0.40	0.50	0.40
銘柄選択効果	0.10	0.40	0.20	0.30	0.20
複合効果	0.00	−0.10	−0.10	0.20	−0.10

解答

　ポートフォリオとベンチマークの収益率、および各効果をリンク計算する。

　超過収益率には累積誤差を含まない値を用いるのが適切なので、累積のポートフォリオ収益率とベンチマーク収益率の差として求める。

　　超過収益率＝5.07％−1.97％＝3.10％

　各効果の合計は、累積でみるとおおむねポートフォリオの超過収益率に近くなるものの、多少誤差が出る。誤差項を残したまま表にまとめると、以下のようになる。

（単位：%）

	1日	2日	3日	4日	5日	合計
ポートフォリオ収益率（A）	2.00	1.00	2.00	−1.00	1.00	5.07
ベンチマーク収益率（B）	1.50	0.50	1.50	−2.00	0.50	1.97
超過収益率（C＝A−B＝D+E+F+G）	0.50	0.50	0.50	1.00	0.50	3.10
業種配分効果（D）	0.40	0.20	0.40	0.50	0.40	1.91
銘柄選択効果（E）	0.10	0.40	0.20	0.30	0.20	1.21
複合効果（F）	0.00	−0.10	−0.10	0.20	−0.10	−0.10
誤差項（G）						0.08

本例題では誤差項は複合効果にまとめることが求められているので、次の表のように書き直す。

	合計
ポートフォリオ収益率（A）	5.07%
ベンチマーク収益率（B）	1.97%
超過収益率 （C=A－B=D+E+F+G）	3.10%
業種配分効果（D）	1.91%
銘柄選択効果（E）	1.21%
複合効果（F+G）	－0.02%

複利計算による収益再投資の効果を、誤差項のまま残すかどうかという問題がある。複合効果を設定している報告書においては、複合効果に含めるのが無難である。複合効果の項目がない場合には、他のどれかの項に含めてしまうか、各効果の実数値で按分（比例配分）する方法も考えられる。これらの方法にはそれぞれ一長一短があるが、やや難度が高い話になるので、ここでは省略する。

例題1では、各効果を（幾何）リンク計算によって算出した。この計算方法は単純である反面、誤差がやや大きい。本来1期間の効果はあくまでも超過収益の1つの要因であるため、この値自体を複利計算する意味はやや不明瞭であるという欠点もある。そこで、各効果は1つの要素のみ**アクティブ運用**（ベンチマークと異なる構成）で、そのほかの要素は**パッシブ運用**（ベンチマークと同じ構成）したときの超過収益率である、という要因分析の基本に立ち返ることでこの問題を改善することを考える。

例題の数値例を用いて、上記の考え方を反映して各効果の累積を求めよ。

ヒント たとえば、業種の選択のみアクティブで、業種内の銘柄構成比は
ベンチマークと同じである仮想のポートフォリオ収益率と考えたときの収
益率は以下のとおりである。

　　　仮想ポートフォリオ収益率＝業種配分効果＋ベンチマーク収益率

　　この収益率をリンク計算したものと、ベンチマーク収益率の差が業種選
択効果の累積値となる。

解答

各効果の累積は以下のとおり。

業種配分効果＝$\{(1+0.40\%+1.50\%)\times(1+0.20\%+0.50\%)\times(1+0.40\%$
$+1.50\%)\times(1+0.50\%-2.00\%)\times(1+0.40\%+0.50\%)\}-\{(1+1.50\%)$
$\times(1+0.50\%)\times(1+1.50\%)\times(1-2.00\%)\times(1+0.50\%)\}$
$=1.95\%$

銘柄選択効果＝$\{(1+0.10\%+1.50\%)\times(1+0.40\%+0.50\%)\times(1+0.20\%$
$+1.50\%)\times(1+0.30\%-2.00\%)\times(1+0.20\%+0.50\%)\}-\{(1+1.50\%)$
$\times(1+0.50\%)\times(1+1.50\%)\times(1-2.00\%)\times(1+0.50\%)\}$
$=1.23\%$

複合効果＝$\{(1+0.00\%+1.50\%)\times(1-0.10\%+0.50\%)\times(1-0.10\%$
$+1.50\%)\times(1+0.20\%-2.00\%)\times(1-0.10\%+0.50\%)\}-\{(1+$
$1.50\%)\times(1+0.50\%)\times(1+1.50\%)\times(1-2.00\%)\times(1+0.50\%)\}$
$=-0.10\%$

(単位：％)

	1日	2日	3日	4日	5日	合計
ポートフォリオ収益率（A）	2.00	1.00	2.00	− 1.00	1.00	5.07
ベンチマーク収益率（B）	1.50	0.50	1.50	− 2.00	0.50	1.97
超過収益率 （C＝A − B＝D＋E＋F＋G）	0.50	0.50	0.50	1.00	0.50	3.10
業種配分効果（D）	0.40	0.20	0.40	0.50	0.40	1.95
銘柄選択効果（E）	0.10	0.40	0.20	0.30	0.20	1.23
複合効果（F）	0.00	− 0.10	− 0.10	0.20	− 0.10	− 0.10
誤差項（G）						0.02

参 考 ●

例題2の方法では、誤差が例題よりも小さくなった。

これらの方法の違いを2期間の要因分析として図にすると以下のようになる。

簡略化のため、複合効果は除いている。

【例題1の計算】

	1	BM	業種	銘柄
1			業	銘
BM			誤差	誤差
業種	業	誤差	業	誤差
銘柄	銘	誤差	誤差	銘

【例題2の計算】

	1	BM	業種	銘柄
1			業	銘
BM			業	銘
業種	業	業	業	誤差
銘柄	銘	銘	誤差	銘

BM：ベンチマーク収益率
業：業種配分効果
銘：銘柄選択効果

太枠で囲んでいる部分が超過収益である。このなかで、例題1での単純な効果のリンク方式では網掛け部分が誤差となる。一方で、例題2の計算では、業種配分効果と銘柄選択効果が交差する部分のみが誤差となり、単純なリンク計算よりも誤差が発生する要素が少なくなる。誤差同士が打ち消し合うことがあるため、必ずしも誤差が小さくなるわけではないが、この計算方法は一般的に単純なリンク計算よりも誤差が小さくなりやすい。

要因分析の誤差項

これまで説明したとおり、要因分析は対ベンチマークの超過収益率や、絶対収益率を各効果に分解したものである。したがって、各効果の合計は、超過収益率や絶対収益率に基本的に一致する。ただし、実際にはうまく一致せず誤差が生じる場合がある。このときの**誤差**は残差なく以下の3つの要因に分けられる。

誤差項＝ポートフォリオ誤差＋ベンチマーク誤差＋リンク誤差（複利効果）

ここで、リンク誤差については、**3.8**で説明した複利計算の過程において発生する誤差である。ポートフォリオ誤差とベンチマーク誤差は1期間の要因分析において、発生する誤差である。ここで、1期間の要因分析が厳密に一致するための前提として、ポートフォリオ、ベンチマークそれぞれで、セクター別収益率の加重平均が合計の収益率と一致しなければならない。

この条件のもとでは、誤差なく1期間の要因分析ができることを示す。

BR_i：ベンチマークのセクター収益率（対総合ベンチマーク）

PR_i：ポートフォリオのセクター収益率（対総合ベンチマーク）

BW_i：ベンチマークのセクター構成比

PW_i：ポートフォリオのセクター構成比

と定義すると、それぞれの効果は以下のように表わすことができる。

A：セクター配分効果 $= \Sigma_i \{BR_i \times (PW_i - BW_i)\}$

B：銘柄選択効果 $= \Sigma_i \{(PR_i - BR_i) \times BW_i\}$

C：複合効果 $= \Sigma_i \{(PR_i - BR_i) \times (PW_i - BW_i)\}$

各効果の合計は、以下のようになる（添え字 i は省略）。

$A + B + C$

$$= \Sigma\ \{BR \times (PW - BW) + (PR - BR) \times BW + (PR - BR) \times (PW - BW)\}$$
$$= \Sigma\ \{BR \times PW - BR \times BW + PR \times BW - BR \times BW + PR \times PW - PR \times BW$$
$$\quad - BR \times PW + BR \times BW\}$$
$$= \Sigma\ (PR \times PW) - \Sigma\ (BR \times BW)$$
$$= ポートフォリオ収益率 - ベンチマーク収益率$$
$$= 超過収益率$$

したがって、なんらかの要因でポートフォリオやベンチマークで厳密に上式が成立しないときには誤差が生じる。上式が厳密に成立しないときは、主に以下のパターンが考えられる。

1．構成比側の要因
- キャッシュフローの扱いが収益率の計算と合っていない場合
- 修正ディーツ法等で期中の平残が取得できない場合
- 指数の構成銘柄入れ替え等で、ベンチマーク側の構成比処理による場合

2．セクター別収益率側の要因
- 資産の売切り時の収益率を0とする等の特殊処理を行っている場合

株式ポートフォリオとベンチマークに関するデータが以下のとき、業種別要因分析の結果はどうなるか。ポートフォリオでは業種Cをすべて売却し、業種Bをすべて購入したとする。売切り時の収益率は0として計算せよ。

業種	前日時価総額 ベンチマーク	前日時価総額 ポートフォリオ	当日時価総額 ベンチマーク	当日時価総額 ポートフォリオ	当日CF ポートフォリオ
A	30,000	5,000	33,000	5,450	0
B	45,000	3,000	46,350	5,000	1,940
C	25,000	2,000	24,750	0	−1,940
計	100,000	10,000	104,100	10,450	0

第3章　収益率の要因分析　　**151**

ヒント 当日のキャッシュフローは１日の初めに発生すると考える。

解答

　構成比と収益率は以下のとおり。売切りを行った業種Cのポートフォリオ収益率は０と修正する。

業種	構成比（％）			収益率（％）		
	ベンチマーク A	ポートフォリオ B	差 C	ベンチマーク D	ポートフォリオ E	差 F
A	30.0	50.0	20.0	10.00	9.00	−1.00
B	45.0	49.4	4.4	3.00	1.21	−1.79
C	25.0	0.6	−24.4	−1.00	0.00	1.00
計	100.0	100.0	0.0	4.10	4.50	0.40

各効果は以下のとおり、計算はこれまでと同様。

業種	業種配分効果（％） $G=(D-D の合計)\times C$	銘柄選択効果（％） $H=F\times A$	複合効果（％） $I=F\times C$	合計（％） $J=G+H+I$
A	1.18	−0.30	−0.20	0.68
B	−0.05	−0.80	−0.08	−0.93
C	1.24	0.25	−0.24	1.25
計	2.38	−0.85	−0.52	1.00
誤差				−0.60

　各効果の合計は1.00％となり、ポートフォリオの超過収益率と誤差が生じている。各業種収益率の加重平均は

　　$9.00\% \times 50.0\% + 1.21\% \times 49.4\% + 0.00\% \times 0.6\% = 5.10\%$

　この値が、ポートフォリオの収益率と一致していないことが誤差の要因である。

参考 ・・・・・・・・・・・・・・・・・・・・・・・・・・・・・・・・・・

　売切り時の収益率を０にする処理を行わなかった場合、以下のような結果になる。この場合、ポートフォリオの業種Cの収益率は−100％となり、銘柄

選択効果や複合効果も異常値ともいえる大きさになっている。ただし、このような異常値のようにみえる収益率であっても各業種収益率の加重平均はポートフォリオの収益率に一致しているため、要因分析に誤差は起きない。

業種	構成比（%）			収益率（%）		
	ベンチマーク A	ポートフォリオ B	差 C	ベンチマーク D	ポートフォリオ E	差 F
A	30.0	50.0	20.0	10.00	9.00	−1.00
B	45.0	49.4	4.4	3.00	1.21	−1.79
C	25.0	0.6	−24.4	−1.00	−100.00	−99.00
計	100.0	100.0	0.0	4.10	4.50	0.40

業種	業種配分効果（%）$G=(D−Dの合計)×C$	銘柄選択効果（%）$H=F×A$	複合効果（%）$I=F×C$	合計（%）$J=G+H+I$
A	1.18	−0.30	−0.20	0.68
B	−0.05	−0.80	−0.08	−0.93
C	1.24	−24.75	24.16	0.65
計	2.38	−25.85	23.88	0.40
誤差				0.00

3...10 複数のセクターによるセクター別要因分析

　ここまでは、株式の業種別要因分析を例に説明したが、業種以外にも規模別や、地域別のように切り口が異なる要因分析も可能である。同様に、債券であれば残存期間別・種類別などの切り口も存在する。

　では、この分析結果をどう対比してみればよいのか。外国株式ポートフォリオを例に計算してみよう。

　外国株式のベンチマークが以下の15銘柄から構成されているとする。そのうち、下表のように各銘柄を保有しているポートフォリオがある。うち、1銘柄は非保有である。また、業種は2つの業種のみで構成されているとする計算を簡単にするため期中の取引がなく、構成比は前期末の値を表すとして、

(1) 当期のポートフォリオの対ベンチマーク超過収益率を求めよ。
(2) 超過収益率を、国別配分効果＋銘柄選択効果＋複合効果に分解せよ。
(3) 超過収益率を、業種配分効果＋銘柄選択効果＋複合効果に分解せよ。

銘柄	国	業種	収益率（%）A	構成比（%）ベンチマークB	構成比（%）ポートフォリオC	差D=C−B
1	アジア	A	7.00	6.0	10.0	4.0
2	アジア	A	8.00	6.0	10.0	4.0
3	アジア	A	6.00	6.0	8.0	2.0
4	北米	A	2.00	8.0	8.0	0.0
5	北米	A	2.00	8.0	10.0	2.0
6	北米	A	4.00	8.0	8.0	0.0
7	欧州	A	−1.00	6.0	6.0	0.0

8	欧州	A	3.00	6.0	8.0	2.0
9	欧州	A	2.00	6.0	6.0	0.0
10	欧州	A	−1.00	6.0	7.0	1.0
11	アジア	B	−5.00	6.0	4.0	−2.0
12	アジア	B	−4.00	6.0	4.0	−2.0
13	北米	B	1.00	8.0	5.0	−3.0
14	北米	B	−3.00	8.0	6.0	−2.0
15	欧州	B	−7.00	6.0	0.0	−6.0
	合計			100.0	100.0	0.00

ヒント 3.3の例題2と方法は同じ。(2)は国別に、(3)は業種別に集計する。

解答

(1) ベンチマークとポートフォリオの収益率は各銘柄の収益率の加重平均で算出できる。ベンチマーク収益率は0.96%、ポートフォリオ収益率は2.40%なので、超過収益率は1.44%である。

(2) 国別に集計し構成比と収益率を求めると下表のようになる。

国	構成比（%）			収益率（%）		
	ベンチマークB	ポートフォリオC	差 D=C−B	ベンチマークE	ポートフォリオF	差 G=F−E
アジア	30.0	36.0	6.0	2.40	4.50	2.10
北米	40.0	37.0	−3.0	1.20	1.49	0.29
欧州	30.0	27.0	−3.0	−0.80	0.85	1.65
合計	100.0	100.0	0.0	0.96	2.40	1.44

3.3の例題2と同様に各効果を求める。

国	地域別配分効果(%) H=(E−Eの合計)×D	銘柄選択効果(%) I=G×B	複合効果(%) J=G×D	合計(%) K=H+I+J
アジア	0.09	0.63	0.13	0.84
北米	−0.01	0.11	−0.01	0.10

第3章 収益率の要因分析 **155**

欧州	0.05	0.50	− 0.05	0.50
合計	0.13	1.24	0.07	1.44

(3) 業種別に集計し構成比と収益率を求めると下表のようになる。

業種	構成比（%）			収益率（%）		
	ベンチマーク B	ポートフォリオ C	差 D=C−B	ベンチマーク E	ポートフォリオ F	差 G=F−E
A	66.0	81.0	15.0	3.15	3.57	0.42
B	34.0	19.0	− 15.0	− 3.29	− 2.58	0.72
合計	100.0	100.0	0.0	0.96	2.40	1.44

各効果を求める。

国	業種配分効果(%) H=(E−Eの合計)×D	銘柄選択効果(%) I=G×B	複合効果(%) J=G×D	合計(%) K=H+I+J
A	0.33	0.27	0.06	0.67
B	0.64	0.24	− 0.11	0.77
合計	0.97	0.52	− 0.04	1.44

参 考 ●

　国別にみた場合、アジアのパフォーマンスが良く、欧州のパフォーマンスが悪かった。そのため、アジアへのオーバーウェイトと欧州のアンダーウェイトは国別配分効果にプラス要因となった。ベンチマークよりやや収益率の良かった北米のアンダーウェイトはわずかにマイナス要因である。

　業種別にみた場合、ポートフォリオは業種Aをオーバーウェイトしている。業種Aはベンチマークを上回るプラスの収益率、業種Bはマイナスの収益率であったので、業種配分は功を奏したことが業種配分効果に表れている。

関連問題　1

●さまざまな銘柄選択効果

例題のように、地域別要因分析における「銘柄選択効果」と、業種別要因分析における「銘柄選択効果」は、同じ名称なのに値が異なる。この理由を答えよ。

ヒント　要因分析の方法によって、銘柄選択が超過収益率に影響する度合いが異なると考えてしまうと混乱を招く。

先にも述べたとおり、「銘柄選択効果」とは、「セクター配分効果」として表現できない部分の総称である。したがって、(2)の結果は地域配分効果以外の部分、(3)の結果は業種別の配分効果以外の部分と考えれば、両者が異なるのはきわめて当たり前な話である。

関連問題　2

●粒度の異なるセクター効果

例題では、地域別に投資国選択の効果を分析した。これを、より詳細に各地域のなかの国ごとに銘柄を分類する方法も当然考えられる。この場合、例題とどのように地域別配分の意味合いが変わってくるか。

ヒント　たとえば、欧州地域のなかで、ドイツ株式をアンダーウェイトしてイタリア株式をオーバーウェイトしたことが奏効したとする。欧州を国ごとに分けての国別要因分析を行うと、この効果は国別配分効果として認識される。ところが、欧州で各国をまとめる場合、これらはいずれも欧州地域のなかでの話なので、配分効果としては認識されず、すべて銘柄選択効果のほうに表れるのである。各地域のなかでの投資国を選んで投資を行う場合、より厳密な分析を行うためには、欧州のような大ざっぱな分類ではなく、国ごとに正確に区切った分類で計算すべきだということがわかる。

複数セクターによる多段階要因分析

　前項で説明したとおり、セクターの切り口はさまざまなものがある。業種・地域別のように異なる視点の切り口のほかに、アジアや北米といった地域別と、日本や米国といった国別の切り口も考えられる。このとき、セクターの切り口は運用プロセスを反映すべきである。そこで、ここでは外国株式ポートフォリオを例に、後者の粒度の異なる2つのセクターの扱い方について説明する。

　1つめの方法は、運用プロセスとして、国別の構成比を決定し、そのなかで銘柄選択を行うと考える場合である。このとき、地域別の配分は国別構成比を積み上げた結果であると考える。この場合、セクター配分効果は国別配分効果のみ算出すればよく、各地域への配分効果は単純に国別配分効果の合計として算出できる。この方法はこれまで説明してきたセクター別要因分析とまったく同じである。この運用方針を図示すると以下のようになる。

　もう1つは、運用プロセスとして、まず地域別の資産配分を決定し、そのなかで国別の配分や銘柄を決定する方法と考える場合である。この場合、セクター配分は2段階で行っており、地域と国の2つのセクターそれぞれに配分効果があると考えることができる。この運用方針を図示すると以下のようになる。ここで地域を上位セクター、国を下位セクターと呼ぶ。

　この方法は、要因分析を運用プロセスにあわせて多段階で行う。上位セク

ターの地域別配分効果は1段階のセクター配分効果と同じであり、下位セクターの国別配分効果は以下のように算出する。

国別配分効果＝（国別ベンチマーク収益率－地域別ベンチマーク収益率）
　　　　　　×（国別ポートフォリオ構成比－国別ベンチマーク構成比）

次の外国株式ポートフォリオのうち、1段階の要因分析と2段階の要因分析で、セクター配分効果を比較せよ。

地域	国	構成比（%）ベンチマーク	構成比（%）ポートフォリオ	差	収益率（%）ベンチマーク	収益率（%）ポートフォリオ
北米	米国	30.0	40.0	10.0	5.00	5.00
	カナダ	20.0	10.0	－10.0	0.00	0.00
		50.0	50.0	0.0	3.00	4.00
欧州	ドイツ	20.0	30.0	10.0	2.00	2.00
	フランス	10.0	10.0	0.0	－1.00	－1.00
	イギリス	20.0	10.0	－10.0	－5.00	－5.00
		50.0	50.0	0.0	－1.40	0.00
合計		100.0	100.0	0.0	0.80	2.00

解答

1段階の要因分析はこれまで説明したセクター別要因分析と同じである。
　米国の国別配分効果＝（5.00％－0.80％）×（40.0％－30.0％）＝0.42％
　カナダの国別配分効果＝（0.00％－0.80％）×（10.0％－20.0％）＝0.08％
　北米の地域別配分効果＝0.42％＋0.08％＝0.50％
欧州についても算出すると以下のようになる。

第3章　収益率の要因分析　　159

地域	国	構成比（％）ベンチマーク	構成比（％）ポートフォリオ	収益率（％）ベンチマーク	国別配分効果（％）
北米	米国	30.0	40.0	5.00	0.42
北米	カナダ	20.0	10.0	0.00	0.08
		50.0	50.0	3.00	0.50
欧州	ドイツ	20.0	30.0	2.00	0.12
欧州	フランス	10.0	10.0	−1.00	0.00
欧州	イギリス	20.0	10.0	−5.00	0.58
		50.0	50.0	−1.40	0.70
合計		100.0	100.0	0.80	1.20

　2段階の要因分析の場合、地域別配分はベンチマークと同じである。そのため、地域別配分効果は0になる。一方で、国別の構成比はベンチマークと異なるので、国別配分効果が存在する。

　北米の地域別配分効果＝（3.00％−0.80％）×（50.0％−50.0％）＝0.00％
　米国の国別配分効果＝（5.00％−3.00％）×（40.0％−30.0％）＝0.20％
そのほかの部分も算出すると以下のようになる。

地域	国	構成比（％）ベンチマーク	構成比（％）ポートフォリオ	収益率（％）ベンチマーク	地域別配分効果（％）	国別配分効果（％）
北米	米国	30.0	40.0	5.00		0.20
北米	カナダ	20.0	10.0	0.00		0.30
		50.0	50.0	3.00	0.00	
欧州	ドイツ	20.0	30.0	2.00		0.34
欧州	フランス	10.0	10.0	−1.00		0.00
欧州	イギリス	20.0	10.0	−5.00		0.36
		50.0	50.0	−1.40	0.00	
合計		100.0	100.0	0.80	0.00	1.20

　地域別配分だけでなく、国別配分効果をみても、2つの要因分析の結果は

異なる。たとえば、米国のオーバーウェイトは1段階の要因分析のほうが効果が大きく表れている。これは、1段階の要因分析では収益の低い欧州やカナダよりも、最も収益率の高い米国をオーバーウェイトしたことを評価されているのに対し、多段階要因分析では、比較対象は北米のベンチマークであるので、米国は地域内でのオーバーウェイトを評価されたにすぎない。

3...12 上位セクターの影響を除いた多段階要因分析

　前項では、地域配分と国別配分を多段階で決定する場合の要因分析について説明した。国は地域を細分化した同じ切り口のセクターであるといえる。この場合、北米地域をオーバーウェイトするという投資判断は、米国またはカナダをオーバーウェイトするという判断と直結しているため、上位セクターの配分の影響が下位セクターにも影響するのは自明である。

　一方で、まず地域配分を決め、その後別の担当者が地域内の業種配分を決めるようなケースも考えられる。この場合、業種配分を決める担当者の評価については、地域配分の影響を受けないようにするほうが望ましい。上位セクターの影響を除いた要因分析を行うためには、多段階の要因分析において、下位セクターの配分効果を算出する際にベンチマーク構成比に以下のような修正が必要になる。以降、本書ではこの修正を「**正規化**」と呼ぶことにする。

下位セクターの修正ベンチマーク構成比
　＝下位セクターのベンチマーク構成比
　　　× 上位セクターのポートフォリオ構成比 / 上位セクターのベンチマーク構成比

　運用プロセスとして、まず地域配分が決定され、別の担当者が各地域内の業種配分を決定する。このとき、地域→業種の多段階要因分析をせよ。

銘柄	国	業種	収益率 (%) A	構成比 (%)		
				ベンチマーク B	ポートフォリオ C	差 D=C−B
1	アジア	A	7.00	6.0	10.0	4.0
2	アジア	A	8.00	6.0	10.0	4.0
3	アジア	A	6.00	6.0	8.0	2.0
4	北米	A	2.00	8.0	8.0	0.0
5	北米	A	2.00	8.0	10.0	2.0
6	北米	A	4.00	8.0	8.0	0.0
7	欧州	A	−1.00	6.0	6.0	0.0
8	欧州	A	3.00	6.0	8.0	2.0
9	欧州	A	2.00	6.0	6.0	0.0
10	欧州	A	−1.00	6.0	7.0	1.0
11	アジア	B	−5.00	6.0	4.0	−2.0
12	アジア	B	−4.00	6.0	4.0	−2.0
13	北米	B	1.00	8.0	5.0	−3.0
14	北米	B	−3.00	8.0	6.0	−2.0
15	欧州	B	−7.00	6.0	0.0	−6.0
合計				100.0	100.0	0.0

ヒント 業種配分の担当者はあくまで業種の配分のみに着目する。ただし、実際の業種配分比率には地域配分の影響を受けるため、そこで、上位の意思決定の影響を除く必要がある。業種配分を比較するベンチマークはポートフォリオの地域配分とあわせるかたちで修正（「正規化」）し、この修正したベンチマークを使う。

解答

アジア地域内の業種に対してベンチマークの正規化を行うと、

$$業種A：18.0\% \times \frac{36.0\%}{30.0\%} = 21.6\%$$

業種B：$12.0\% \times \dfrac{36.0\%}{30.0\%} = 14.4\%$

　合計は36.0%となり、正規化によって元のベンチマークでの業種AとBの比率を維持したまま、ポートフォリオのアジア地域配分にあわせることができている。

　そのほかのベンチマークとポートフォリオの構成比や収益率は、以下のとおり。

地域＆業種		構成比（%）					収益率（%）	
		ベンチマーク B	ポートフォリオ C	修正ベンチマーク D	差 E=C-B	差 F=C-D	ベンチマーク G	ポートフォリオ H
アジア	A	18.0	28.0	21.6	10.0	6.4	7.00	7.07
	B	12.0	8.0	14.4	-4.0	-6.4	-4.50	-4.50
	小計	30.0	36.0	36.0	6.0	0.0	2.40	4.50
北米	A	24.0	26.0	22.2	2.0	3.8	2.67	2.62
	B	16.0	11.0	14.8	-5.0	-3.8	-1.00	-1.18
	小計	40.0	37.0	37.0	-3.0	0.0	1.20	1.49
欧州	A	24.0	27.0	21.6	3.0	5.4	0.75	0.85
	B	6.0	0.0	5.4	-6.0	-5.4	-7.00	0.00
	小計	30.0	27.0	27.0	-3.0	0.0	-0.80	0.85
合計		100.0	100.0	100.0	0.0	0.0	0.96	2.40

　上位セクターの地域別配分効果はこれまでと同様に、地域別ベンチマーク収益率とベンチマーク収益率を比較する。

　アジアへの地域別配分効果は、

　$(2.40\% - 0.96\%) \times 6.0\% = 0.09\%$

　一方で、下位セクターの業種配分効果は、各地域のなかで配分効果を算出するので、

　アジアの業種Aの配分効果は、

　$(7.00\% - 2.40\%) \times 6.4\% = 0.29\%$

　その他各効果や、2段目の業種別のベンチマークとして、前項と同様に正

規化を行わない場合も計算すると以下のようになる。

地域別&業種		要因分解（%）：正規化あり			要因分解（%）：正規化なし		
		地域別	業種別	銘柄選択	地域別	業種別	銘柄選択
アジア	A		0.29	0.02		0.46	0.02
	B		0.44	0.00		0.28	0.00
	小計	0.09			0.09		
北米	A		0.06	−0.01		0.03	−0.01
	B		0.08	−0.02		0.11	−0.02
	小計	−0.01			−0.01		
欧州	A		0.08	0.03		0.05	0.03
	B		0.33	0.00		0.37	0.00
	小計	0.05			0.05		
各効果合計		0.13	1.29	0.01	0.13	1.29	0.01
合計			1.44			1.44	

参考 •

　地域別配分効果は一番上位のセクターであり、ベンチマークの正規化は効果に影響しない。下位セクターである業種配分は正規化の有無で効果の内訳が変わっている。たとえば、業種配分の担当者はアジア内では業種Aに比べて業種Bに弱気であり、アンダーウェイトとしているが、実際に収益率も低く、この戦略は成功であった。ただし、上位セクターの地域配分の担当者はアジアをオーバーウェイトとしているため、業種配分担当者のアンダーウェイト幅はその分薄まっている。したがって、業種配分担当者からみれば、実際のベンチマークのウェイトではなく、ポートフォリオの地域別配分に修正したベンチマークと比較するほうが適切といえる。

例題 •••2

　複数セクターの要因分析では、個別銘柄を業種よりさらに下位のセクターと考えることで、銘柄配分効果を個別銘柄ベースで算出することもできる。
　このときベンチマークは1つ上のポートフォリオの業種別構成比で正規化

第3章　収益率の要因分析　**165**

することになる。

例題1で、アジアの業種Aの銘柄選択効果を個別銘柄ベースに分解せよ。アジアの業種Aを構成する銘柄は以下の3つである。

銘柄	国	業種	収益率（%）A	構成比（%）	
				ベンチマークB	ポートフォリオC
1	アジア	A	7.00	6.0	10.0
2	アジア	A	8.00	6.0	10.0
3	アジア	A	6.00	6.0	8.0

解答

構成銘柄の上位セクターは業種であり、ベンチマーク構成比の正規化は以下のとおり。

$$ベンチマーク構成比 \times \frac{業種Aのポートフォリオ構成比}{業種Aのベンチマーク構成比} = 6.0\% \times \frac{28.0\%}{18.0\%}$$
$$= 9.3\%$$

銘柄2の銘柄配分効果は、

$(10.0\% - 9.3\%) \times (8.0\% - 7.0\%) = 0.01\%$

各銘柄についてまとめると以下のようになる。

国	業種	銘柄	収益率（%）	構成比（%）			要因分解（%）
				ベンチマークB	ポートフォリオ	銘柄修正ベンチマーク	銘柄配分
アジア	A	1	7.00	6.0	10.0	9.3	0.00
		2	8.00	6.0	10.0	9.3	0.01
		3	6.00	6.0	8.0	9.3	0.01
		小計	7.00	18.0	28.0	28.0	0.02

3銘柄の銘柄配分効果の合計は0.02%であり、例題のアジア業種Aの銘柄選択効果0.02%と一致する。

関連問題

●小分類によるセクター配分効果

例題1では、地域と業種を多段階に分けて配分効果を算出したが、地域と業種の6通りの組合せをまとめて1つの区分とすると、結果はどのように変わるか。

ヒント 地域と業種をあわせた1つのセクターと考えて、超過収益率を地域&業種の配分効果＋銘柄選択効果＋複合効果に分解してみる。

地域&業種	構成比（%）			収益率（%）		
	ベンチマーク B	ポートフォリオ C	差 D=C−B	ベンチマーク E	ポートフォリオ F	差 G=F−E
アジアA	18.0	28.0	10.0	7.00	7.07	0.07
アジアB	12.0	8.0	−4.0	−4.50	−4.50	0.00
北米A	24.0	26.0	2.0	2.67	2.62	−0.05
北米B	16.0	11.0	−5.0	−1.00	−1.18	−0.18
欧州A	24.0	27.0	3.0	0.75	0.85	0.10
欧州B	6.0	0.0	−6.0	−7.00	0.00	7.00
合計	100.0	100.0	0.0	0.96	2.40	1.44

地域&業種	要因分析（%）			
	地域&業種配分効果（%） H=(E−Eの合計)×D	銘柄選択効果（%） I=G×B	複合効果(%) J=G×D	合計(%) K=H+I+J
アジアA	0.60	0.01	0.01	0.62
アジアB	0.22	0.00	0.00	0.22
北米A	0.03	−0.01	0.00	0.02
北米B	0.10	−0.03	0.01	0.08
欧州A	−0.01	0.02	0.00	0.02
欧州B	0.48	0.42	−0.42	0.48
合計	1.43	0.42	−0.40	1.44

例題1において、北米の配分効果は−0.01%であった。

　さて、北米セクターへの投資は失敗だったのか。北米の地域＆業種の配分効果の合計は0.14%とプラスであり、地域別の配分はあまりうまくいかなかったが、北米内の業種選択効果はうまくいっていることがわかる。多段階要因分析の結果をみると、北米の地域別配分はマイナス、業種配分はプラスとなっており、このことがより明らかである。

3...13

収益率の為替要因と証券要因

外国資産の収益率は、**為替要因**と**証券要因**に分けて考えることができる。

為替要因は、為替レートの変動そのものが与えた影響であり、証券要因は為替の影響を除いた、現地通貨建ての証券そのものの収益率である。また、証券要因は、配当や利息といった**インカム要因**と、運用資産の価格変動による**キャピタル要因**に分けることができる。

まず、**外貨建て資産**の収益率は以下の式が成立する。

（1＋現地通貨ベース時価の収益率）×（1＋為替レートの上昇率）＝1＋円ベースの収益率

これを図で示すと以下のようになる。収益は網掛け部分の合計である。図で明らかなとおり、純粋な為替要因と証券要因以外に、交差項と呼ぶべき小さな長方形が存在する。これは複合要因として残してもよいし、どちらかの要因に含めてもよい。

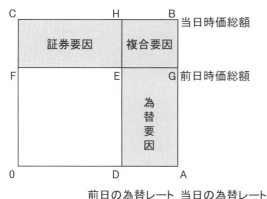

次に、証券要因をインカム要因とキャピタル要因に分解する。

第3章　収益率の要因分析　　**169**

為替の影響を除いた収益（証券要因）は主に以下の要素に分解できる。

現地通貨ベース収益＝時価変動の収益＋配当・利息

これを図に表すと下の図のようになる。

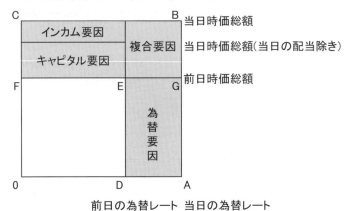

米ドル建てのある株式銘柄についてのデータが以下のとき、次の問いに答えよ。

　　4月1日の時価単価：108ドル

　　4月2日の時価単価：110ドル

　　4月1日の未収配当：0ドル

　　4月2日の未収配当：1ドル

　　4月1日の為替レート：1ドル＝99円

　　4月2日の為替レート：1ドル＝100円

(1) この株式銘柄の、円ベースの収益率を求めよ。

(2) 収益率を為替要因と証券要因に分解せよ。ここで、複合要因は証券要因に含めよ。

(3) 証券要因をさらに、インカム要因とキャピタル要因に分解せよ。

> **ヒント** 複合要因を証券要因に含めた場合、以下のような図になる。

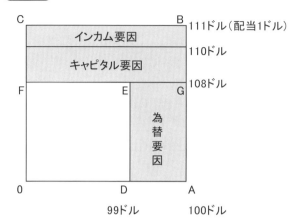

> **解答**

(1) 収益率 = {(110 + 1) × 100} ÷ {(108 + 0) × 99} − 1 = 3.82%

(2) 為替要因 = 100 ÷ 99 − 1 = 1.01%
    証券要因 = 3.82% − 1.01% = 2.81%

(3) ヒントの図のとおり、計算をすると、
    インカム要因 = (111 × 100 − 110 × 100) ÷ (108 × 99) = 0.94%
    キャピタル要因 = 2.81% − 0.94% = 1.88%
    となる。

> **参考**

複合要因を証券要因に含めた場合、インカム要因・キャピタル要因にも影響を与える。ヒントで示した図の場合、2つの要因の大きさにあわせた比例配分で複合要因を分配した。

> **例題 2**

各通貨の上昇率が以下のとき、**3.12**の例題のポートフォリオを用いて為替要因を算出し、国別配分効果と比較せよ。

各地域内の通貨ウェイトはベンチマークとポートフォリオで同一とする。

各地域通貨平均上昇率

　　・アジア　2.00%

　　・北米　　1.00%

　　・欧州　　−0.50%

ヒント　外国資産の収益率を為替要因と証券要因に分けるという考え方を使えば、国別配分効果のなかから為替要因を算出することもできる。この場合、国別ベンチマークの現地通貨建ての収益率が0と考えて、為替レートだけが変動した場合の国別配分効果を考えればよい。

解答

ベンチマークの平均為替上昇率は、それぞれの地域の通貨上昇率を加重平均して、

$$2.0 \times 30.0\% + 1.0 \times 40.0\% - 0.5 \times 30.0\% = 0.85\%$$

これらを利用して、為替要因を計算すると、下表となり、ポートフォリオ全体で0.11%である。国別配分効果は0.13%であったから、国別配分の大半は為替要因によるものであったことがわかる。

| 国 | 構成比（%） | | | 為替上昇率（%）D | 為替要因（%）（D−Dの合計）×C |
	ベンチマークA	ポートフォリオB	差C=B−A		
アジア	30.0	36.0	6.0	2.00	0.07
北米	40.0	37.0	−3.0	1.00	0.00
欧州	30.0	27.0	−3.0	−0.50	0.04
合計	100.0	100.0	0.0	0.85	0.11

先物効果と為替ヘッジ効果
（先物取引による影響）

この項では、先物取引（為替予約を含む）が収益率に及ぼす影響を計算する例を掲げる。

先物込み収益率の計算方法については、**2.12**で説明した。

・先物や為替予約を、簿価金額＝0、時価金額＝評価損益という銘柄であると仮定する。したがって、収益率計算における時価総額には評価損益のみを加算する。

・売却（買い埋めまたは売り埋め）により発生する実現損益は、マイナスのキャッシュフローとする。つまり、実現益ならばキャッシュアウトに、実現損ならばキャッシュインに加算する（利息や配当金と同じ扱いである）。

ここまでは、第2章の復習である。

さて、先物取引による効果は、先物の収益をポートフォリオ全体の時価総額で割って算出できる。このほかにも、簡易的に、ポートフォリオの収益率から現物の収益率を引いて残った部分を先物効果とする方法もある。

例 題 •••

次のデータをもとに、先物を含む国内株式ポートフォリオのうち、

(1) ポートフォリオの収益率と現物取引、先物取引の効果をそれぞれの収益から求めよ。

(2) 先物取引の効果をポートフォリオの収益率から現物のみの収益率を引くことで求めよ。

第3章　収益率の要因分析　　173

（単位：百万円）

		前月末	1日	2日	3日	4日	5日
現物	時価総額	100	101	141	112	112	113
先物	評価損益	0	2	4	2	1	3

2日：現物40百万円買付け

3日：現物30百万円売却、先物売却益3百万円

4日：現物2百万円配当

解答

(1) 与えられたデータをもとに、時価総額、評価損益、キャッシュフロー、収益を集計すると以下のようになる。

（単位：百万円）

		前月末	1日	2日	3日	4日	5日
現物	時価総額	100	101	141	112	112	113
	キャッシュフロー			40	−30	−2	
	収益		1	0	1	2	1
先物	評価損益	0	2	4	2	1	3
	キャッシュフロー				−3		
	収益		2	2	1	−1	2
ポートフォリオ	時価総額	100	103	145	114	113	116
	キャッシュフロー		0	40	−33	−2	0
	収益		3	2	2	1	3

1日のポートフォリオ収益率は $3 \div (100 + 0) = 3.00\%$

2日の先物取引の効果は $2 \div (103 + 40) = 1.40\%$

そのほかの部分も計算すると、以下のようになる。

	1日	2日	3日	4日	5日	累積
現物効果（%）	1.00	0.00	0.89	1.79	0.88	4.64
先物効果（%）	2.00	1.40	0.89	-0.89	1.77	5.25
ポートフォリオ収益率（%）	3.00	1.40	1.79	0.89	2.65	10.10

(2)　3日の現物のみの収益率は$1 \div (141 - 30) = 0.90\%$

したがって、先物取引の効果は$1.79\% - 0.90\% = 0.88\%$

そのほかの部分も計算すると、以下のようになる。

	1日	2日	3日	4日	5日	累積
現物収益率(%)	1.00	0.00	0.90	1.82	0.89	4.69
先物効果（%）	2.00	1.40	0.88	-0.93	1.76	5.20
ポートフォリオ収益率（%）	3.00	1.40	1.79	0.89	2.65	10.10

参考 •

　解答の方法はどちらも、1日間の先物と現物の値を合計するとその日のポートフォリオ収益率に一致している。ただし、(2)の方法は現物の時価総額を分母に使った現物の収益率をもとに先物取引効果を計算しているため、やや正確さに欠ける。要因分析の考え方により正確に準じて計算する場合、ポートフォリオの収益率は効果の和として分解すべきであり、(1)の方法を使うほうが望ましい。

第4章 ポートフォリオ特性値の計算

第4章では、ある期間の収益率の測定ではなく、ある一時点でのポートフォリオの状況を表す数値の計算方法について説明する。これらを総称して「ポートフォリオ特性値」と呼ぶことにする。収益率の実績の大部分は現状のポートフォリオ特性値を用いて説明することができる。また、ポートフォリオ特性値を読み取ることで、将来どのような収率が期待できるのか、つまり、どのような場合に高い収益率を上げられるようなポートフォリオが組成されているのかがわかる。

　債券のデュレーションがその代表例である。デュレーションの値が大きいポートフォリオは、金利の変化に対する価格の変動が大きいと考えられるため、非常に高い収益率を期待できる反面、収益が大きく悪化する可能性もある。逆に、デュレーションの値が小さいポートフォリオは、価格変動リスクが小さいので、下げ相場に強いといわれる。デュレーションを「1＋利回り」で割ったものを「修正デュレーション」という。修正デュレーションは価格感応度そのものを示していてわかりやすいため、実務上よく用いられる。デュレーションを計算するために必要な利回りの計算方法については、章の最初の段階で触れることにする。

　第3章で説明した要因分析手法を用いると、債券の場合には金利選択効果や種別選択効果を測定することができる。金利選択効果の考え方の背景にあるイールドカーブについても簡単に触れる。

　ほかにも、株式の特性を表すPER、PBR、配当利回り、スタイル（規模別分類、バリュー株とグロース株）などを説明する。

　最後に、評価損益率や売買回転率についても説明する。投資金額に対する売買金額の大きさを測る指標が売買回転率であり、銘柄入替えの割合や売買にかかるコストの影響を確認するために用いられる。

4...1

債券のクーポンレートと直接利回り

　直接利回り（略して「**直利**」という）は、クーポン収入（インカムゲイン）のみを収益とみなした場合の利回りである。債券価格に購入時の単価（簿価単価）を用いるか時価単価を用いるかによって、簿価ベースの直利と時価ベースの直利の2通りに計算できる。

　直接利回りの計算式は、

$$\text{簿価ベースの直接利回り} = \frac{\text{クーポンレート}}{\text{簿価単価}}$$

$$\text{時価ベースの直接利回り} = \frac{\text{クーポンレート}}{\text{時価単価}}$$

例題 1

　クーポンレート5％の債券を保有している。この債券の現在の時価を108円、購入した時点での単価を105円とするとき、

(1)　簿価ベースの直接利回りを求めよ。

(2)　時価ベースの直接利回りを求めよ。

解答

(1)　簿価ベースの直利＝5÷105＝4.76%

(2)　時価ベースの直利＝5÷108＝4.63%

参考

　または、分母と分子に額面を掛けると、それぞれ「クーポン利息÷簿価金額」「クーポン利息÷時価金額」という計算でも求められる。

第4章　ポートフォリオ特性値の計算　　**179**

この債券を額面1億円保有しているとすると、簿価金額は1億円×105÷100＝105,000,000円。また、1年間に得られるクーポン利息は1億円×5％＝5,000,000円である。5,000,000÷105,000,000＝4.76％であることから、簿価ベースの直利は、1年間この債券のみを保有し続けた場合の実現利回りに等しくなる。ただし、直利には残存期間の情報が入っていないため、今後何年間にわたって利息が得られるかについては、直利だけをみてもわからない。

下表のような国内債券ポートフォリオを保有しているとき、
(1) このポートフォリオの平均クーポンレートを求めよ（額面で加重平均すること）。
(2) このポートフォリオの時価ベースの平均直利を求めよ（時価金額で加重平均すること）。
(3) このポートフォリオの簿価ベースの平均直利を求めよ（簿価金額で加重平均すること）。

	額面（億円）	クーポンレート（％）	時価単価（円）	簿価単価（円）
銘柄A	1	4.00	101.00	99.00
銘柄B	2	3.00	100.00	101.00
銘柄C	3	5.00	99.00	102.00

ヒント　加重平均の方法はいろいろ考えられる。しかし、例題2に指定があるように、平均クーポンレートは額面で加重平均、時価ベースの平均直利は時価金額で加重平均、簿価ベースの平均直利は簿価金額で加重平均するのが適切と考えられる。なぜなら、クーポンレートはクーポン利息の額面に対する比率であり、時価直利はクーポン利息の時価金額に対する比率であり、簿価直利はクーポン利息の簿価金額に対する比率だからである。解答の加重平均の計算をみれば納得できる。

解 答

(1)

	額面（億円） （A）	クーポンレート(%) （B）	クーポン利息(円) （A×B）
銘柄A	1	4.00	4,000,000
銘柄B	2	3.00	6,000,000
銘柄C	3	5.00	15,000,000
計	6		25,000,000

上記の表より、25,000,000÷6億＝4.17%となる。

(2)

	時価金額 （時価単価× 額面）（円）	クーポン利息 （クーポンレート ×額面）（円）	時価直利 （クーポン利息÷時価金額 または クーポンレート÷時価単価） （%）
銘柄A	101,000,000	4,000,000	3.96
銘柄B	200,000,000	6,000,000	3.00
銘柄C	297,000,000	15,000,000	5.05
計	598,000,000	25,000,000	4.18

上記の表より、25,000,000÷598,000,000＝4.18%となる。

(3)

	時価金額 （時価単価× 額面）（円）	クーポン利息 （クーポンレート ×額面）（円）	時価直利 （クーポン利息÷時価金額 または クーポンレート÷時価単価） （%）
銘柄A	99,000,000	4,000,000	4.04
銘柄B	202,000,000	6,000,000	2.97
銘柄C	306,000,000	15,000,000	4.90
計	607,000,000	25,000,000	4.12

上記の表より、25,000,000÷607,000,000＝4.12%となる。

第4章　ポートフォリオ特性値の計算　**181**

参考 ・・・・・・・・・・・・・・・・・・・・・・・・・・・・・・・・・・・

外国債券の場合、クーポン利息の円金額は、「額面×クーポンレート×為替レート」である。したがって、平均クーポンレートは、「額面×為替レート」で加重平均するのが望ましい。もしも、これを忘れて単に額面で加重平均すると、対外貨ベースの為替レートの値が、大きい通貨に偏った値が算出される。

関連問題

●直接利回りと予想クーポン利息

国内債券ポートフォリオの、現在の平均クーポンレートまたは平均直利を用いて、今後1年間のクーポン利息を予想する方法を答えよ。

ヒント　ポートフォリオの平均クーポンレートは、現在のポートフォリオをそのまま1年間保有したと仮定した場合に得られる、クーポン利息の額面に対する割合である。したがって、今後1年間のクーポン利息を見積もるには、額面残高合計×平均クーポンレートを計算すればよい。

また、ポートフォリオの平均時価直利は、現在のポートフォリオをそのまま1年間保有したと仮定した場合に得られる、クーポン利息の時価金額に対する割合である。したがって、今後1年間のクーポン利息を見積もるには、「ポートフォリオの時価金額×平均時価直利」を計算してもよい。時価の代わりに簿価を用いても同じことがいえる。

ただし、これは今後1年間の収益見込みの話である。たとえば、今後3カ月の見込みを求めたい場合には、上記の方法で求めた値を4分の1にすればよいが、これは未収収益の増減分を含めた値（総損益）になることに注意する必要がある。発生ベースではなく実現ベースで収益見込みを把握したい場合には、平均直利などは使えず、1銘柄ずつ利払日を調べて計算するしかない。もうひとつ注意すべきことは、今後1年以内に償還日がくる銘柄があるかどうかを調べることである。クーポン利息は償還日までしか受け取れないうえ、償還損益の発生を見込んでおかねばならない。

4...2

債券の最終利回り（単利）

前項の直接利回りが、クーポン収入（インカムゲイン）のみを収益とみなした場合の利回りであるのに対して、償還損益（キャピタルゲイン）も収益に含めた場合の利回りを「**最終利回り（終利）**」という。

債券を満期（償還日）まで保有すると、償還日に償還損益が発生する。償還損益は、「償還価額（国内債券の場合は通常100円）－買付金額」で求められる。最終利回りは、債券を満期まで保有した場合の利回りであることから、「満期利回り」とも呼ばれる。

最終利回り（単利）の計算式は、以下のとおり。

$$簿価ベースの最終利回り = \frac{クーポンレート + \dfrac{償還価額 - 簿価単価}{残存年数}}{簿価単価}$$

$$時価ベースの最終利回り = \frac{クーポンレート + \dfrac{償還価額 - 時価単価}{残存年数}}{時価単価}$$

例題 •••

クーポンレート5％、残存期間2年、償還価額100円の国内債券を保有している。この債券の現在の時価を108円、購入した時点での単価を105円とするとき、

(1) 簿価ベースの単利最終利回りを求めよ。

(2) 時価ベースの単利最終利回りを求めよ。

第4章 ポートフォリオ特性値の計算 **183**

解答

(1) 簿価終利 $= \dfrac{5 + (100 - 105) \div 2}{105} = 2.38\%$

(2) 時価終利 $= \dfrac{5 + (100 - 108) \div 2}{108} = 0.93\%$

—Microsoft Excel を用いて —

　Excelで債券の残存年数を求めるには、「最終償還日−現在の日付」を365で割ればよい。ただし、これではうるう年がまったく考慮されない。

　うるう年も考慮に入れた年数を計算する関数として**YEARFRAC**がある。しかし、債券の種類によって、うるう年の利息の計算方法は異なるので、使用時には注意が必要である。

	A	B	C
1	2019/3/31	7.005479	7.000000
2	2026/3/31		

※セルB1の式：＝(A2−A1)/365

　　セルC1の式：＝YEARFRAC(A1,A2)

4…3

債券の現在価値

　現在価値と将来価値については**1.14**で説明したが、債券の数値例を用いてここで復習することにする。

　毎年クーポン利息を500万円ずつもらえる額面1億円の債券を考えてみよう。いますぐもらえる500万円と違って、1年後にもらえる500万円は現在の基準で500万円より少ない価値しかもたない。なぜならば、そこには金利が存在するからである。2年後にもらえる500万円の価値はさらに小さくなる。償還日まで債券を保有していれば額面1億円も現金として手元に入るので、これも債券の価値に含めねばならないが、やはり現在の価値は1億円より小さくなる。債券の現在価値の計算練習は、次項の複利最終利回りを求めるための準備である。

　一定期間ごとにクーポン利息が支払われる債券を「**利付債**」という。これに対して、クーポン利息が支払われない債券を「**割引債**」という。

　残存期間n年で年1回利払いの利付債の現在価値は、次の式で求めることができる。金利をr、i年目のクーポン利息をC_i、償還価額をFとすると、

$$現在価値 = \frac{C_1}{1+r} + \frac{C_2}{(1+r)^2} + \frac{C_3}{(1+r)^3} + \cdots\cdots + \frac{C_n + F}{(1+r)^n}$$

例題… 1

　金利が次の3通りの場合に、クーポンレート5％、年1回利払い、残存期間4年、償還価額100円の利付債の現在価値（単価）をそれぞれ求めよ。

(1)　年利4％の場合

(2)　年利5％の場合

(3)　年利6％の場合

第4章　ポートフォリオ特性値の計算　　**185**

解答

(1) 現在価値

$$\frac{5}{1.04} + \frac{5}{1.04^2} + \frac{5}{1.04^3} + \frac{105}{1.04^4} = 103.63円$$

(2) 現在価値

$$\frac{5}{1.05} + \frac{5}{1.05^2} + \frac{5}{1.05^3} + \frac{105}{1.05^4} = 100.00円$$

(3) 現在価値

$$\frac{5}{1.06} + \frac{5}{1.06^2} + \frac{5}{1.06^3} + \frac{105}{1.06^4} = 96.53円$$

参考

一般に、金利と債券の価格には次のような関係があり、この例題の数値例でも、たしかに当てはまっていることがわかる。

金利が上昇すると、債券価格は下落する。
金利が低下すると、債券価格は上昇する。

例題 2

クーポンレート4％、年2回利払い、残存期間2年、償還価額100円の利付債の現在価値（単価）を求めよ。ただし、金利は年利6％とする。

ヒント　「年2回利払いでクーポンレート4％、残存2年、金利が年利6％」という問題は、「半年1回利払いでクーポンレートが半年当り2％、残存が半年×4期、金利が半年当り3％」という問題に置き換えることができる。後は例題1と同じである。

解答

$$現在価値 = \frac{2}{1.03} + \frac{2}{1.03^2} + \frac{2}{1.03^3} + \frac{102}{1.03^4} = 96.28円$$

債券の最終利回り（複利）

4.2で単利の最終利回りを説明した。しかし、複利のほうが、収益再投資の効果を考慮に入れている点で優れている。本項では、前項の現在価値の計算を逆算することによって、複利計算による最終利回りの計算方法を説明する。

例題 1

クーポンレート5％、年1回利払い、残存期間4年、償還価額100円の債券を保有している。この債券の現在の時価を108円とするとき、時価ベースの複利最終利回りとして正しいものを次のなかから選べ。

ア　1.86%　　イ　2.36%　　ウ　2.86%　　エ　3.16%

ヒント　前項の現在価値の式における「金利」に当たるものが複利最終利回りであると考えて、方程式をつくればよい。

終利をrとすると、

$$\frac{5}{1+r} + \frac{5}{(1+r)^2} + \frac{5}{(1+r)^3} + \frac{105}{(1+r)^4} = 108$$

この式の左辺のrにアからエの数値を代入すると、ウのときに108と一致する。

$$\frac{5}{1.0286} + \frac{5}{1.0286^2} + \frac{5}{1.0286^3} + \frac{105}{1.0286^4} = 108$$

よって、答えはウ。

第4章　ポートフォリオ特性値の計算

参考 •

　この問題のように、選択問題であれば、選択肢の数値を 1 つずつ代入する
のが手っ取り早い。選択肢がない場合は、方程式を解かなければならない。
1.15の例題の参考のように近似値を探していくか、表計算ソフトを用いれ
ば簡単である（**1.15**の「Microsoft Excelを用いて」参照）。

例 題 💬 **2**

　残存期間 4 年、償還価額100円の割引債における現在の時価を80.7217円と
するとき、時価ベースの複利最終利回りを求めよ。

ヒント　割引債の場合はクーポン利息がないので、 4 年後の償還額のみを
キャッシュフローと考えればよい。

解 答

　終利をrとすると、

$$\frac{100}{(1+r)^4} = 80.7217$$

　これを解いて、r＝5.50％

参考 •

　上記の方程式を解くには、**1.15**の例題の参考のように近似値を探してい
くか、表計算ソフトを用いればよい。しかし、この問題の場合は、100÷
80.7217を求めて 4 乗根（平方根の平方根）にするという方法をとれば、普通
の電卓でも計算できる。

関連問題　**1**

●最終利回りとクーポンレートの関係
　最終利回りがクーポンレートを上回るのは、債券の時価がどのような場合
か。逆に、最終利回りがクーポンレートを下回るのは、債券の時価がどのよ

うな場合か。

> **ヒント** 単利でも複利でも当てはまることだが、最終利回りとはクーポン
> 利息と償還損益をあわせたものを、収益とみなす利回りのことである。し
> たがって、最終利回りがクーポンレートと等しい場合は、償還損益が0と
> なるので、現在の時価が100円ちょうどであることを意味する。最終利回
> りがクーポン利息を上回っているとすれば、それは償還益が存在すること
> を意味するので、現在の時価は100円を下回っている必要がある。逆に、
> 最終利回りがクーポン利息を下回っているとすれば、それは償還損が存在
> することを意味するので、現在の時価は100円を上回っている必要がある。
> 　価格が100円超の状態を「**オーバーパー**」、価格が100円未満の状態を
> 「**アンダーパー**」という。パーとは100円ちょうどのことである。このと
> き、次の関係が成立する。

> 　　最終利回り＜クーポンレート……オーバーパー（100円超）
> 　　最終利回り＝クーポンレート……パー（100円）
> 　　最終利回り＞クーポンレート……アンダーパー（100円未満）

関連問題　2

●単利最終利回りと複利最終利回りの関係

　単利最終利回りと複利最終利回りの大小関係と債券の時価にはどのような
関係があるか。

> **ヒント** 関連問題1にあるように、オーバーパーのケースでは最終利回り
> がクーポンレートよりも小さくなるが、単利は複利と比較していっそう小
> さくなる性質がある。逆に、アンダーパーのケースでは最終利回りがクー
> ポンレートよりも大きくなるが、単利は複利と比較していっそう大きくな
> る性質がある。つまり、単利のほうが複利よりもばらつきが大きいのであ
> る。

第4章　ポートフォリオ特性値の計算　　**189**

これらの関係を式にすると、次のようになる。

オーバーパー（100円超）　……単利＜複利

パー（100円）　　　　　　……単利＝複利

アンダーパー（100円未満）……単利＞複利

関連問題　3

●ポートフォリオの平均最終利回りの計算方法

ポートフォリオの平均時価終利を求めるには、何をもとに加重平均するのが適切かを答えよ。

ヒント　ポートフォリオの最終利回りを厳密に求めたい場合には、ポートフォリオを1個の銘柄のようにみなして、キャッシュフローの現在価値が時価金額の合計に一致するような金利を求めることになる。

	額面（億円）	クーポンレート（%）	時価単価（円）	残存年数（年）
銘柄A	1	3.00	102.00	1.00
銘柄B	2	5.00	105.00	2.00

たとえば、上の表のような2銘柄であれば、現在の時価総額は、

1億円×102.00÷100＋2億円×105.00÷100＝312,000,000円

1年後の銘柄Aのキャッシュフローは、

1億円×3.00%＋1億円＝103,000,000円

1年後の銘柄Bのキャッシュフローは、

2億円×5.00%＝10,000,000円

2年後の銘柄Bのキャッシュフローは、

2億円×5.00%＋2億円＝210,000,000円

よって、最終利回りを求める式は次のようになる。

$$\frac{103,000,000 + 10,000,000}{1 + r} + \frac{210,000,000}{(1 + r)^2} = 312,000,000$$

これを解くと、r＝2.13％となる。

しかし、銘柄数が多く、残存期間が半端であれば、このような計算を実務的に行うのは負担が大きいので、銘柄ごとに終利を求めて加重平均する方法に頼ることになる。時価終利であれば時価金額、簿価終利であれば簿価金額で加重平均するのが最も簡単な方法である。

銘柄Aと銘柄Bの時価終利は、それぞれ計算式に当てはめると、0.98％と2.41％。

よって、時価金額で加重平均した最終利回りは、

$(0.98 \times 102{,}000{,}000 + 2.41 \times 210{,}000{,}000) \div (102{,}000{,}000 +$
$210{,}000{,}000) = 1.94\%$

この値は、上記の2.13％からかけ離れているが、償還が間近な銘柄の影響を大きく受けたことによるものであり、この銘柄が償還されたとたんに平均終利は大きく変化する可能性がある。

これを避けるために、「時価金額×残存年数」で加重平均する方法もある。

「時価金額×残存年数」で加重平均すると、

$(0.98 \times 102{,}000{,}000 \times 1 + 2.41 \times 210{,}000{,}000 \times 2) \div (102{,}000{,}000 \times$
$1 + 210{,}000{,}000 \times 2) = 2.13\%$

このように、厳密な終利に近い値が求められることが多い。

─**Microsoft Excel を用いて**─

	A	B	C
1	基準日	2018/3/31	4.60%
2	償還日	2022/5/31	
3	クーポンレート	0.05	
4	基準日の時価単価	101.50	
5	償還価額	100.00	
6	年間利払回数	2	
7	計算方法	1	

※セルC1の式：＝YIELD（B1,B2,B3,B4,B5,B6,B7）

　Excelには、複利の最終利回りを求める**YIELD**関数がある。これを用いれば、残存期間が整数でない場合の利回りも簡単に計算できる。なお、セルB7は、利払いにおける日数の計算方法である。

　計算方法が0：1月の日数＝30日、1年の日数＝360日

　計算方法が1：1月の日数＝実際の日数、1年の日数＝実際の日数

　計算方法が2：1月の日数＝実際の日数、1年の日数＝360日

　計算方法が3：1月の日数＝実際の日数、1年の日数＝365日

　計算方法が4：1月の日数＝30日、1年の日数360日（ヨーロッパ方式）

　また、割引債の複利の最終利回りを求めるには、下記のように**YIELDDISC**関数を用いる。

	A	B	C
1	基準日	2018/3/31	2.67%
2	償還日	2022/5/31	
3	基準日の時価単価	90.00	
4	償還価額	100.00	
5	計算方法	1	

※セルC1の式：＝YIELDDISC（B1,B2,B3,B4,B5）

　計算方法についてはYIELD関数と同じ。

4 ... 5

デュレーションの計算

4.3の現在価値の計算でもみたように、債券の価格は、利回りが上昇すると低下し、利回りが低下すれば上昇する。また、割り引かれる期間が長いほど、その現在価値は小さくなることから、一般に長い満期の債券は金利リスクが大きい。ただし、クーポンレートが高ければ、その分満期の影響が小さくなる。

これらをまとめると、さまざまな利回り、クーポンレートや満期の債券があったときに、これらの情報を1つに統合したものが、デュレーションと呼ばれる特性値であり、債券の金利リスクの大きさを表す尺度として広く用いられている。

デュレーション（**マコーレーのデュレーション**）とは、キャッシュフローが発生するまでの期間を各期のキャッシュフローの現在価値で加重平均したものであり、キャッシュフローの平均回収期間の尺度とも考えられる。

年1回利払いの場合、1年目、2年目、……、n年目のキャッシュフローの現在価値をそれぞれP_1、P_2、……、P_nとすると、デュレーションは次の式で求められる。

$$デュレーション＝\frac{1 \times P_1 + 2 \times P_2 + \cdots\cdots + n \times P_n}{P_1 + P_2 + \cdots\cdots + P_n}$$

この式の分母はキャッシュフローの現在価値の合計であり、**4.3**で説明したように、これは債券の現在の価格に等しくなる。

例題 ... 1

クーポンレート4％、年1回利払い、残存期間3年の利付債のデュレーションを求めよ。ただし、最終利回りは5％とする。

第4章 ポートフォリオ特性値の計算 **193**

解答

次のようなキャッシュフロー表を用いて考えると、デュレーション＝（年×現在価値）の合計÷現在価値の合計＝280.58÷97.28＝2.88年となる。

t 年後 （A）	キャッシュフロー （B）	$(1+r)^t$ （C）	現在価値 （D＝B÷C）	年×現在価値 （E＝A×D）
1	4	1.05	3.81	3.81
2	4	1.05^2	3.63	7.26
3	104	1.05^3	89.84	269.52
計	112		97.28	280.58

参考 ••

計算結果は2.88年となり、残存年数3年よりも少し短い値になった。このように、利付債のデュレーションは残存年数より少し短くなるのが一般的である。なぜならば、デュレーションとは、クーポン利息および償還額が平均して何年後に得られるかを示す値であり、償還額だけであればちょうど残存年数と等しくなるが、クーポン利息を早く得られる分だけ平均回収年数も早くなるのである。

なお、復習になるが、上記計算の分母97.28は、債券の現在の価格に等しい。

例題 ••• 2

残存期間3年の割引債のデュレーションを求めよ。ただし、最終利回りは5％とする。

ヒント　割引債の場合も計算の基本は変わらない。クーポン利息がないのでキャッシュフローは償還額のみである。

次のようなキャッシュフロー表を用いて考えると、

デュレーション＝（年×現在価値）の合計÷現在価値の合計

$$＝259.15÷86.38＝3年$$

t 年後 （A）	キャッシュフロー （B）	$(1+r)^t$ （C）	現在価値 （D = B ÷ C）	年 × 現在価値 （E = A × D）
1	0	1.05	0.00	0.00
2	0	1.05^2	0.00	0.00
3	100	1.05^3	86.38	259.15
計			86.38	259.15

参 考 ・・・・・・・・・・・・・・・・・・・・・・・・・・・・・・・・・・・・・・

　例題1の参考からも見当がつくが、割引債のデュレーションは計算するまでもなく必ず残存年数に等しい。

関連問題

● **ポートフォリオのデュレーションの計算方法**

　ポートフォリオの平均デュレーションを求める方法として、次の(1)と(2)の方法が考えられるが、はたして両者に違いが出るだろうか。

(1)　銘柄ごとのデュレーションをそれぞれ求め、時価金額で加重平均する。

(2)　ポートフォリオに含まれる全銘柄を1個の銘柄に見立て、そのキャッシュフロー、最終利回りをもとにデュレーションを計算する。

ヒント　下のような3銘柄の数値例を用いて考えてみる。

	額面（億円）	クーポンレート （%）	終利（%）	残存年数（年）
銘柄A	1	3.00	2.00	1.00
銘柄B	2	5.00	5.00	2.00
銘柄C	3	5.00	3.00	3.00

　まず、(1)のように銘柄ごとのデュレーションをそれぞれ求め、時価金額で加重平均する方法を考える。

第4章　ポートフォリオ特性値の計算　　**195**

銘柄Aのキャッシュフロー表

t年後 （A）	キャッシュフロー （B）	（1＋r）^{t} （C）	現在価値 （D＝B÷C）	年×現在価値 （E＝A×D）
1	103	1.02	100.98	100.98
計			100.98	100.98

銘柄Bのキャッシュフロー表

t年後 （A）	キャッシュフロー （B）	（1＋r）^{t} （C）	現在価値 （D＝B÷C）	年×現在価値 （E＝A×D）
1	10	1.05	9.52	9.52
2	210	1.05^2	190.48	380.95
計			200.00	390.48

銘柄Cのキャッシュフロー表

t年後 （A）	キャッシュフロー （B）	（1＋r）^{t} （C）	現在価値 （D＝B÷C）	年×現在価値 （E＝A×D）
1	15	1.03	14.56	14.56
2	15	1.03^2	14.14	28.28
3	315	1.03^3	288.27	864.81
計			316.97	907.65

銘柄Aのデュレーション＝100.98÷100.98＝1.00年

銘柄Bのデュレーション＝390.48÷200.00＝1.95年

銘柄Cのデュレーション＝907.65÷316.97＝2.86年

よって、時価金額による加重平均は、

（1.00×100.98＋1.95×200.00＋2.86×316.97）÷（100.98＋200.00＋316.97）＝2.26年

次に(2)のように、ポートフォリオ全体のキャッシュフローから算出する方法を考える。

1年後のキャッシュフロー＝103＋10＋15＝128

2年後のキャッシュフロー＝210＋15＝225

3年後のキャッシュフロー＝315

現在価値合計 = 100.98 + 200.00 + 316.97 = 617.95

ポートフォリオ全体の最終利回りを r とすると、

$$\frac{128}{1+r} + \frac{225}{(1+r)^2} + \frac{315}{(1+r)^3} = 617.95$$

これを解くと、r = 3.49%。

この最終利回りを用いると、

t 年後 (A)	キャッシュフロー (B)	$(1+r)^t$ (C)	現在価値 (D = B ÷ C)	年×現在価値 (E = A × D)
1	128	1.0349	123.68	123.68
2	225	1.0349^2	210.08	420.16
3	315	1.0349^3	284.19	852.57
計			617.95	1,396.41

ポートフォリオのデュレーションは、

1,396.41 ÷ 617.95 = 2.26年

(1)と(2)の結果を比較すると、どちらも小数第2位までで2.26%であるが、完全には一致していない。

このように、一般的には、銘柄ごとのデュレーションの時価金額加重平均により、ポートフォリオのデュレーションの近似値を求めることができる。また、詳細の説明は省略するが、全銘柄の最終利回りが等しい場合に両者が完全に一致することがわかっている。

─Microsoft Excel を用いて─

　Excelでデュレーションを求めるには、**DURATION**という関数を用いればよい。下記のように用いることによって、残存期間が半端な場合でも簡単に計算できる。

	A	B	C
1	基準日	2018/10/31	5.88
2	償還日	2025/8/31	
3	クーポンレート	0.05	
4	最終利回り	0.035	
5	年間利払回数	2	
6	計算方法	1	

※セルC1の式：＝DURATION（B1,B2,B3,B4,B5,B6）

　なお、セルB6の「計算方法」については**4.4**の「Microsoft Excelを用いて」参照。

4.6

債券価格の変化とデュレーション

　前項では、キャッシュフローの平均回収期間の尺度としてデュレーションの計算方法を説明したが、デュレーションの数字は同時に「利回りの変化に対する価格変動度合い」の尺度にもなるため、ポートフォリオの特性を表す指標として重要視されている。

　価格変動の感応度は、他の条件が同じならば、クーポンレートが低いほど大きく、残存期間が長いほど大きく、利回りが低いほど大きいが、これらの情報を1つに集約させたものがデュレーションであるといってもよい。

　価格変化率は、次の式で近似できる。

$$価格変化率 ≒ -デュレーション \times \frac{最終利回りの変化幅}{1 + 最終利回り \div 年間利払回数}$$

（注）分母の最終利回りは、変化前のものを使用。この近似式の説明には、微分の知識を必要とする（本書では説明を省略する）。

　なお、「1＋最終利回り÷年間利払回数」で割って調整したデュレーションを「修正デュレーション」といい、次の **4.7** であらためて説明する。

　クーポンレート6％、年1回利払い、残存期間4年の利付債がある。
(1) 最終利回りが5％の場合のデュレーションを求めよ。
(2) 最終利回りが5％から4％に下がった場合の債券価格の変化率を求めよ。
(3) 最終利回りが5％から4％に下がった場合の債券価格の変化率を、デュレーションを用いて推定せよ。

ヒント 上記(1)で求めるデュレーションを用いることにより、(2)で求める価格変化率の近似値を計算できることを確認する問題である。

解答

(1) 次のようなキャッシュフロー表を用いて考えると、

デュレーション $= 380.97 \div 103.55 = 3.68$ 年

t 年後 （A）	キャッシュフロー （B）	$(1+r)^t$ （C）	現在価値 （D = B ÷ C）	年×現在価値 （E = A × D）
1	6	1.05	5.71	5.71
2	6	1.05^2	5.44	10.88
3	6	1.05^3	5.18	15.55
4	106	1.05^4	87.21	348.83
計			103.55	380.97

(2) 金利が5%のときの価格は、(1)の表より、103.55円

金利が4%のときの価格は、

$6 \div 1.04 + 6 \div 1.04^2 + 6 \div 1.04^3 + 106 \div 1.04^4 = 107.26$ 円

よって、価格変化率は、

$(107.26 - 103.55) \div 103.55 = 3.59\%$

(3) 利回りの変化率は、

$(0.04 - 0.05) \div 1.05 = -0.95\%$

よって、価格変化率の推定値は、

$-$デュレーション $\times$ 利回りの変化率 $= -3.68 \times (-0.0095) = 3.50\%$

参考 ・・・

上記(3)で求めた3.50%が、(2)で正確に求めた3.59%の近似値となっている。

デュレーションは、次のような価格と最終利回りの関係を表すグラフの傾きを表している。実際には、価格と最終利回りは直線的ではなく曲線的な関係になっているので、実際の価格変化率とデュレーションを用いて推定した価格変化率との間には誤差が生じる。特に、利回り変化が大きいときにこの

誤差は大きくなる。この誤差をさらに説明する指標として、コンベクシティーがある（**4.8**参照）。

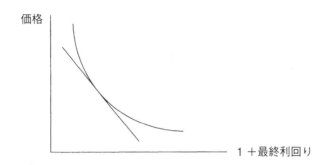

関連問題

- **デュレーションとベンチマーク比較の関係**

デュレーションの値がベンチマークと比べて小さいポートフォリオの場合に、収益率のベンチマーク比較および寄与度にはどのような特徴が表れるか。また逆に、デュレーションの値がベンチマークと比べて大きいポートフォリオの場合はどうか。

ヒント　ここまでみてきたように、デュレーションは価格変動性の尺度といえる。すなわち、

デュレーションが短い銘柄は、利回り変化に対して価格変動が小さい。
デュレーションが長い銘柄は、利回り変化に対して価格変動が大きい。
といえる。

そして、価格変動の大きさはポートフォリオ収益率の変動の大きさにつながる。

つまり、

①利回りが低下すると債券価格が上昇するが、デュレーションが短いポートフォリオはその上昇率が低く、デュレーションが長いポートフォリオはその上昇率が高い。

②利回りが上昇すると債券価格が下落するが、デュレーションが短い
　ポートフォリオはその下落率が低く、デュレーションが長いポート
　フォリオはその下落率が高い。

したがって、最終的に次のことがいえる。

上げ相場（金利低下）のとき、デュレーションが長いほうが収益率が高い。

下げ相場（金利上昇）のとき、デュレーションが短いほうが収益率が高い。

4-7 修正デュレーション

　前項の価格感応度としてのデュレーションの説明のなかで、最終利回りの変化幅を「1＋最終利回り÷年間利払回数」で割った式が登場した。そこで、デュレーションをあらかじめ「1＋最終利回り÷年間利払回数」で割っておけば、価格変化率を示すためのさらにわかりやすい指標になると考えられる。本項では、利回り変化率に対する価格変化率を示す指標として、**修正デュレーション**を説明する。

$$修正デュレーション＝\frac{デュレーション}{1＋最終利回り÷年間利払回数}$$

で求められる。

　クーポンレート4％、年1回利払い、残存期間3年の利付債の修正デュレーションを求めよ。ただし、最終利回りは5％とする。

　ヒント　上記の修正デュレーションの式と、

$$価格変化率≒\frac{デュレーション×最終利回りの変化幅}{1＋最終利回り÷年間利払回数}$$

の近似式を考え合わせれば、

　価格変化率≒－修正デュレーション×最終利回りの変化幅

という、価格感応度を表す簡潔な近似式ができる。

　これを用いれば、たとえば、

（例1）　ある銘柄の修正デュレーションが5年である場合に、金利（最終利回り）が1％上昇（たとえば、2％→3％）すると、価格はおよそ5％下落する（債券の収益率は約－5％となる）。

第4章　ポートフォリオ特性値の計算　　203

（例2）　ある銘柄の修正デュレーションが10年である場合に、金利（最終利回り）が1%低下（たとえば、3%→2%）すると、価格はおよそ10%上昇する（債券の収益率は約10%となる）。

というように推測できるので、非常にわかりやすい。

解答

4.5の例題1の解答より、デュレーション＝2.88年。

よって、修正デュレーションは、2.88÷1.05＝2.75年。

参考 ・・・

ポートフォリオの平均修正デュレーションは、デュレーションの場合と同様に時価総額で加重平均すれば近似値が計算できる。

修正デュレーションの長いポートフォリオおよび修正デュレーションの短いポートフォリオのもつ特性については、デュレーションの場合と同じことがいえるので、**4.6**もあわせて参照のこと。

Microsoft Excel を用いて

　Excelで修正デュレーションを求めるには、デュレーションを「1＋最終利回り÷年間利払回数」で割っても求められるが、**MDURATION**という関数を用いればより簡単に求められる。下記のように用いると、残存期間が半端な場合でも簡単に計算できる。

	A	B	C
1	基準日	2018/10/31	5.77
2	償還日	2025/8/31	
3	クーポンレート	0.05	
4	最終利回り	0.035	
5	年間利払回数	2	
6	計算方法	1	

※セルC1の式： ＝MDURATION（B1,B2,B3,B4,B5,B6）

　または、 ＝DURATION（B1,B2,B3,B4,B5,B6）/（1＋B4/B5）

　なお、セルB6の「計算方法」については**4.4**の「Microsoft Excelを用いて」を参照。

4...8

コンベクシティー

デュレーションを用いて価格変化率を求めると、実際の価格変化率との間に誤差が生じることを**4.6**で説明した。この誤差を埋める補正項として**コンベクシティー**という指標がある。

年１回利払いの場合、１年目、２年目、……、n年目のキャッシュフローの現在価値をそれぞれP_1、P_2、……、P_nとすると、コンベクシティーは次の式で求められる。

$$コンベクシティー = \frac{1 \times 2 \times P_1 + 2 \times 3 \times P_2 + \cdots\cdots + n \times (n+1) \times P_n}{P_1 + P_2 + \cdots\cdots + P_n}$$

デュレーションとコンベクシティーの両方を用いた価格変化率の推定式は、次のとおり。

$$価格変化率 \fallingdotseq -デュレーション \times \frac{最終利回りの変化幅}{1+最終利回り \div 年間利払回数}$$

$$+ コンベクシティー \times \frac{(最終利回りの変化幅)^2}{2 \times (1+最終利回り \div 年間利払回数)^2}$$

コンベクシティーを（1＋最終利回り÷年間利払回数）^{2}で割った、いわゆる修正コンベクシティーのことをコンベクシティーと呼ぶ場合もある。

例 題

クーポンレート５％、年１回利払い、残存期間３年の利付債がある。

(1) 最終利回りが６％の場合のデュレーションとコンベクシティーを求めよ。

(2) 最終利回りが６％から８％に上昇した場合の債券価格の変化率を求めよ。

(3) 最終利回りが６％から８％に上昇した場合の債券価格の変化率を、デュレーションとコンベクシティーを用いて推定せよ。

解 答

(1) 次のようなキャッシュフロー表を用いて考えると、

t年後 （A）	キャッシュ フロー （B）	$(1+r)^t$ （C）	現在価値 (D=B÷C)	年× 現在価値 (E=A×D)	年× (年＋1) （F）	（F）× 現在価値 (F×D)
1	5	1.06	4.72	4.72	1×2	9.43
2	5	1.06^2	4.45	8.90	2×3	26.70
3	105	1.06^3	88.16	264.48	3×4	1,057.92
計			97.33	278.10		1,094.05

デュレーション＝278.10÷97.33＝2.86年

コンベクシティー＝1,094.05÷97.33＝11.24

(2) 金利が6％のときの価格は、(1)の表より97.33円。

金利が8％のときの価格は、 $5÷1.08＋5÷1.08^2＋105÷1.08^3＝$

92.27円

よって、価格変化率は、

$(92.27－97.33)÷97.33＝－5.20\%$

(3) 利回りの変化率は、

$(0.08－0.06)÷1.06＝1.89\%$

よって、価格変化率の推定値は、

－デュレーション×利回りの変化率＋コンベクシティー×

(利回りの変化率)$^2×\dfrac{1}{2}＝－2.86×0.0189＋11.24×0.0189^2×$

$\dfrac{1}{2}＝－5.19\%$

参考 ●

(3)で求めた－5.19％が、(2)で正確に求めた－5.20％の近似値となっている。なお、コンベクシティーを用いずにデュレーションのみで推定値を求めると、

$－2.86×0.0189＝－5.39\%$

となる。

4 … 9

スポットレートとフォワードレート

　現在から一定期間後に満期となる割引債の利回り（複利最終利回り）を**ス
ポットレート**という。

　スポットレートを用いると、利付債の価格（理論的な現在価値）を計算す
ることができる。

　満期までの期間（残存期間）が１年、２年、３年、……、n年物のスポット
レートをそれぞれ r_1、r_2、r_3、……、r_nとすると、残存期間n年、額
面100円、クーポンレート c の利付債の価格は、

$$\frac{c}{1+r_1} + \frac{c}{(1+r_2)^2} + \frac{c}{(1+r_3)^3} + \cdots\cdots + \frac{c+100}{(1+r_n)^n}$$

となる。

　スポットレートが現在を起点とする期間の金利であるのに対して、将来時
点を起点とする期間に適用される金利を**フォワードレート**という。

　i年後からj年後までのフォワードレート（$_if_j$）と、i年のスポットレート
（r_i）、j年のスポットレート（r_j）の間には、次のような関係がある。

　　$(1+r_j)^2 = (1+r_i) \times (1+{_if_j})$

例 題 …

スポットレートが以下のとおりであるとする。

年	スポットレート（％）
1	3.0
2	4.0
3	5.0

⑴　残存年数３年、額面100円、クーポンレート４％の利付債の価格を求
　めよ。

(2) 2年目から3年目までのフォワードレートを求めよ。

解答

(1) 利付債の価格は、

$$\frac{4}{1+0.03} + \frac{4}{(1+0.04)^2} + \frac{4+100}{(1+0.05)^3} = 97.42円$$

(2) 2年目から3年目までのフォワードレートを$_2f_3$とすると、

$$(1+0.05)^2 = (1+0.04) \times (1+{}_2f_3)$$

よって、$_2f_3 = 1.05^2 \div 1.04 - 1 = 6.01\%$

となる。

イールドカーブ

　前項の例題のように、スポットレートは、満期までの期間（残存期間）によって利回りが異なるのが通常である。

　横軸に残存期間、縦軸に利回りをとってグラフ化すると、割引債の残存期間と利回りの関係を曲線で表すことができる。この曲線を、**イールドカーブ**（利回り曲線）という。

　イールドカーブが右上がりのとき「**順イールド**」、右下がりのとき「**逆イールド**」という。

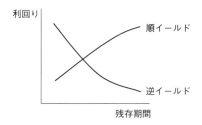

　イールドカーブは一般的には右上がりになっており、この角度が急になったとき、「**スティープ化**する」といい、短期金利と長期金利の金利差が大きくなったことを意味する。逆に、この角度が緩やかになったとき、「**フラット化**する」といい、短期金利と長期金利の金利差が小さくなったことを意味する。

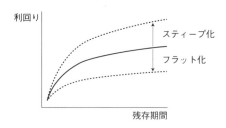

例題

次の表は、スポットレートを並べたものである。次の(1)〜(3)各文の（　）内のうち、正しい語句を選べ。

年	前期末（%）	当期末（%）
1	2.0	3.0
2	3.0	3.5
3	4.0	4.0
4	5.0	4.5
5	6.0	5.0

(1) 前期末のイールドカーブは、（順イールド、逆イールド）である。
(2) 当期末のイールドカーブは、（順イールド、逆イールド）である。
(3) 前期末から当期末にかけて、イールドカーブは（スティープ化、フラット化）した。

解答

(1) 順イールド
(2) 順イールド
(3) フラット化

参考

イールドカーブの形状変化は、主に以下の3つの動きの組合せで決まる。

パラレルシフト：平行移動（カーブの傾きが変わらずに水準が変わる）
ツイスト：傾き変化（カーブの傾きが変わる）
バタフライ：曲率変化（カーブの湾曲が変わる）

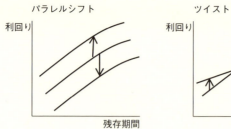
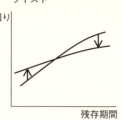
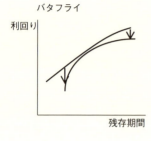

4.11 金利選択効果と種別選択効果

第3章で説明したブリンソン型要因分析の手法は、債券の要因分析にも利用できる。

よく用いられるセクターとしては、残存期間をもとに1年ごとに区切った分類がある。このときの配分効果は、将来の金利上昇または金利低下のどちらを予想するかという戦略に関するものなので、**金利選択効果**とも呼ばれる。

一方、国債や事業債など債券の種類による配分効果は、**種別選択効果**（または種別配分効果）と呼ぶことができる。

分析の計算方法は第3章で一通り説明したとおりだが、ここでは、本章で説明した債券の性質とあわせて考察してみたい。

ポートフォリオとベンチマークの残存期間および種類の構成が、次の表のとおりであったとする。

残存期間	種類	構成比（%）ポートフォリオ	構成比（%）ベンチマーク	収益率（%）ポートフォリオ	収益率（%）ベンチマーク
3年未満	国債	5.0	17.0	0.60	0.60
3年未満	事業債	5.0	3.0	0.70	0.70
3年未満	計	10.0	20.0	0.65	0.62
3年以上7年未満	国債	5.0	23.0	1.20	1.20
3年以上7年未満	事業債	40.0	7.0	1.50	1.30
3年以上7年未満	計	45.0	30.0	1.47	1.22
7年以上	国債	40.0	45.0	2.00	2.00
7年以上	事業債	5.0	5.0	2.50	2.10
7年以上	計	45.0	50.0	2.06	2.01

第4章　ポートフォリオ特性値の計算　213

合計	国債	50.0	85.0	1.78	1.50
	事業債	50.0	15.0	1.52	1.45
	計	100.0	100.0	1.65	1.50

(1) 超過収益率を金利選択効果＋銘柄選択効果（複合効果を含む）に分解せよ。

(2) 超過収益率を種別選択効果＋銘柄選択効果（複合効果を含む）に分解せよ。

(3) **3.12**の多段階要因分析の方法を用いて、超過収益率を金利選択効果＋種別選択効果＋銘柄選択効果（複合効果を含む）に分解せよ。

解答

(1) 超過収益率＝1.65－1.50＝0.16％

金利選択効果は、以下のとおり、0.09－0.04－0.03＝0.02％となる。

残存期間	ポートフォリオ構成比（%）A	ベンチマーク構成比（%）B	差（%）C=A－B	ベンチマーク収益率（%）D	超過収益率（%）E=D－D計	金利選択効果（%）F=C×E
3年未満	10.0	20.0	－10.0	0.62	－0.88	0.09
3～7年	45.0	30.0	15.0	1.22	－0.27	－0.04
7年以上	45.0	50.0	－5.0	2.01	0.52	－0.03
合計	100.0	100.0	0.0	1.50	0.00	0.02

銘柄選択効果は、以下のとおり、0.00＋0.11＋0.02＝0.13％となる。

残存期間	ポートフォリオ収益率（%）A	ベンチマーク収益率（%）B	超過収益率（%）C=A－B	ポートフォリオ構成比（%）D	銘柄選択効果（%）E=C×D
3年未満	0.65	0.62	0.04	10.0	0.00
3～7年	1.47	1.22	0.24	45.0	0.11
7年以上	2.06	2.01	0.05	45.0	0.02
合計	1.65	1.50	0.16	100.0	0.13

(2)　種別選択効果は、以下のとおり、0.00−0.02＝−0.02％となる。

種類	ポートフォリオ構成比(％)A	ベンチマーク構成比(％)B	差(％)C=A−B	ベンチマーク収益率(％)D	超過収益率(％)E=D−D計	種別選択効果(％)F=C×E
国債	50.0	85.0	−35.0	1.50	0.01	−0.00
事業債	50.0	15.0	35.0	1.45	−0.05	−0.02
合計	100.0	100.0	0.0	1.50	0.00	−0.02

銘柄選択効果は、以下のとおり、0.14＋0.04＝0.17％となる。

種類	ポートフォリオ収益率(％)A	ベンチマーク収益率(％)B	超過収益率(％)C=A−B	ポートフォリオ構成比(％)D	銘柄選択効果(％)E=C×D
国債	1.78	1.50	0.28	50.0	0.14
事業債	1.52	1.45	0.07	50.0	0.04
合計	1.65	1.50	0.16	100.0	0.17

(3)　金利選択効果は、(1)より0.02％。

種別選択効果は、以下のとおり、0.01＋0.03＝0.03％となる。

残存期間	種類	ポートフォリオ構成比(％)A	ベンチマーク構成比(％)B	正規化(％)C=B/B計×A計	ベンチマーク収益率(％)D	種別選択効果(％)(D−D計)×(A−C)
3年未満	国債	5.0	17.0	8.5	0.60	0.00
	事業債	5.0	3.0	1.5	0.70	0.00
	計	10.0	20.0	10.0	0.62	0.00
3年以上7年未満	国債	5.0	23.0	34.5	1.20	0.01
	事業債	40.0	7.0	10.5	1.30	0.02
	計	45.0	30.0	45.0	1.22	0.03
7年以上	国債	40.0	45.0	40.5	2.00	0.00
	事業債	5.0	5.0	4.5	2.10	0.00
	計	45.0	50.0	45.0	2.01	0.00
合計	国債	50.0	85.0	83.5	1.50	0.01
	事業債	50.0	15.0	16.5	1.45	0.03
	計	100.0	100.0	100.0	1.50	0.03

第4章　ポートフォリオ特性値の計算　　215

銘柄選択効果は、以下のとおり、0.10%となる。

残存期間	種類	ポートフォリオ収益率(%) A	ベンチマーク収益率(%) B	超過収益率(%) C=A−B	ポートフォリオ構成比(%) D	銘柄選択効果(%) E=C×D
3年未満	国債	0.60	0.60	0.00	5.0	0.00
	事業債	0.70	0.70	0.00	5.0	0.00
	計	0.65	0.62	0.04	10.0	0.00
3年以上7年未満	国債	1.20	1.20	0.00	5.0	0.00
	事業債	1.50	1.30	0.20	40.0	0.08
	計	1.47	1.22	0.24	45.0	0.08
7年以上	国債	2.00	2.00	0.00	40.0	0.00
	事業債	2.50	2.10	0.40	5.0	0.02
	計	2.06	2.01	0.05	45.0	0.02
合計	国債	1.78	1.50	0.28	50.0	0.00
	事業債	1.52	1.45	0.07	50.0	0.10
	計	1.65	1.50	0.16	100.0	0.10

参 考

　例題では、計算を簡単にするために、残存期間を3～4年ごとに区切って分析を行ったが、1年ごとに区切ればさらに厳密な分析を行うことができる。つまり、たとえば「3年以上4年未満」と「4年以上5年未満」の配分は、前者の方法では配分効果としてとらえられず銘柄選択効果として残るが、後者の方法では配分効果としてとらえることができる。

　また、債券の種類は国債と事業債の2種類で計算を行ったが、実際にはこのほかに、地方債、政府保証債、金融債、円建外債、ABS、MBSなどの区分をもとに分類することが多い。

関連問題　1

●残存期間と債券種別の関係

　例題では、国債のベンチマーク収益率（1.50%）は事業債のベンチマーク

収益率（1.45％）を上回っている。ところが、国債をアンダーウェイト、事業債をオーバーウェイトしていたにもかかわらず、(3)での種別選択効果はプラスに出ていた。この理由は何か？

ヒント　たしかに、ベンチマーク合計のところをみると、国債の収益率は事業債の収益率を上回っている。しかし、残存期間別にみると、逆に、どのセクターにおいても事業債のほうが収益率が高い。合計すると国債が逆転しているのは、「7年以上」という相対的に収益率が高いセクターで国債の比率が非常に高くなっているのが主要因である。すなわち、合計で国債が事業債よりも収益率が高くみえるのは、種別の違いによるものではなく、残存期間の要因によるものである。

このベンチマーク収益率の数値は、以下の3つの観点からよくみられる数値例になっている（ただし、収益率がプラスであり、イールドカーブが不変などの前提が必要である）。

第1に、残存期間が長くなるほど収益率が高くなる傾向にある。これは、イールドカーブが順イールドであることを示している。

第2に、残存期間が同等の場合、事業債の収益率が国債の収益率を上回っている。この収益率の差は「国債スプレッド」と呼ばれ、安全性の高い国債と比べて、安全性の劣後する事業債が割安である（高い利回りで投資できる）ことを表している。

第3に、国債には、長期国債（残存期間が主に10年の国債）、超長期国債（残存期間が10年を超える国債）といった残存期間の長い銘柄が多く存在することにより、事業債と比べて残存期間の長いセクターに占めるウェイトが大きい傾向にある。

この3つの傾向を総合的に考えると、例題のような現象がよくみられることになる。

国債アンダーウェイト、事業債オーバーウェイトとした戦略の結果、(3)のとおり種別選択効果がプラスに出て当然であるが、解答の(2)では種別選択効果がマイナスとなっている。(2)の計算方法では、種別選択効果の値に

第4章　ポートフォリオ特性値の計算　217

金利選択の要因が含まれてしまうためである（**3.11**参照）。

関連問題　2

● **デュレーション効果とカーブ効果**

　債券の金利選択効果のうち、**デュレーション効果**（利回りの変動により
イールドカーブ全体がシフトすることによる効果）はどのように計算できるか。

〔**ヒント**〕　デュレーション効果は、以下の方法により簡便的に計算できる。

$$デュレーション効果＝ポートフォリオのデュレーション収益率－$$
$$ベンチマークのデュレーション収益率$$

　ここで、

　　銘柄ごとのデュレーション収益率 ≒ －デュレーション × 最終利回りの
　　変化幅

　ただし実際には、価格と最終利回りは直線的ではなく曲線的な関係にな
るため、デュレーション収益率を算出するためには、コンベクシティーを
考慮するほうがよい。

　コンベクシティーを考慮すると、

$$デュレーション収益率 ≒ －デュレーション × 最終利回りの変化幅$$
$$＋1/2 × コンベクシティー × (最終利回り変化の変化幅)^2$$

となる。

　なお、金利選択効果のうち残りの部分は、おおむね、イールドカーブの
形状変化による効果（**カーブ効果**）であると考えられる。

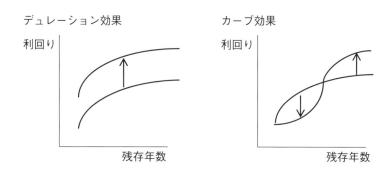

> **参　考** ●

　前項の参考で書いたように、イールドカーブの形状変化の主要因には、パラレルシフト（平行移動）、ツイスト（傾き変化）、バタフライ（曲率変化）の3つがある。このうち、パラレルシフトは、要因分析における金利効果のなかで「デュレーション効果」として認識され、ツイストおよびバタフライは「カーブ効果」として認識されていると考える。

株式のPER・PBR・ROE

　本項では、株式ポートフォリオの性質を表す指標として、ポートフォリオに含まれる各銘柄の発行会社の財務数字と株価を対比して測る**PER**（**株価収益率**）・**PBR**（**株価純資産倍率**）を計算する。

　株式会社のある期の純利益をその時点の発行済株式数で割ったものを「**EPS**」（**1株当り利益**）という。「PER」（株価収益率）とは、株価をEPSで割ったものである。株式会社のある期の純資産額をその時点の発行済株式数で割ったものを「**BPS**」（**1株当り純資産**）という。「PBR」（株価純資産倍率）とは、株価をBPSで割ったものである。

　純利益を純資産額で割ったものを「**ROE**」（**自己資本純利益率**）という。以上の関係を整理すると、次の3つのことがいえる。

　　EPS×PER＝株価
　　BPS×PBR＝株価
　　BPS×ROE＝EPS

次のデータをもとに、この株式銘柄のPER・PBRおよびROEを求めよ。
- 現在の株価　　　500円
- 当期純利益額　　100億円
- 当期純資産額　　800億円
- 発行済株式数　　2億株

EPS＝100億÷2億＝50円

よって、

　PER＝500÷50＝10.00倍

　BPS＝800億÷2億＝400円

よって、

　PBR＝500÷400＝1.25倍

　ROE＝100億÷800億＝12.50%

参　考 ・・・・・・・・・・・・・・・・・・・・・・・・・・・・・・・・・・・・・・

　ポートフォリオの平均PERを求めるには、銘柄ごとにPERを求めて加重平均しても間違いではないが、むしろ次のように考えるほうがよい。

　PERが株価の利益に対する比率であることをポートフォリオ全体で考えると、

　　平均PER＝Σ（株価×株数）÷Σ（1株当り利益×株数）

　　　　　　＝時価総額÷（EPS×株数）

となる。

　たとえば、下表のような2銘柄からなるポートフォリオの平均PERを求めるとすると、

銘柄	ポートフォリオの株数（株）	純利益額（億円）	発行済株数（億株）	時価単価（円）
A	2,000	100	2	500
B	3,000	120	3	480

　　時価総額＝2,000×500＋3,000×480＝2,440,000円

　　銘柄AのEPS＝100億÷2億＝50円、

　　銘柄BのEPS＝120億÷3億＝40円より、

　　Σ（EPS×株数）＝50×2,000＋40×3,000＝220,000円

よって、平均PER＝2,440,000÷220,000＝11.09倍

　これは、銘柄ごとのPERの加重平均とは値が異なることに注意。

　同様に考えると、ポートフォリオの平均PBRは、

　　平均PBR＝時価総額÷（BPS×株数）

第4章　ポートフォリオ特性値の計算　　**221**

で計算できる。

関連問題

●PER・PBRの意味

　あるポートフォリオの平均PER・平均PBRのそれぞれがベンチマークと比較して高い値である場合に、そのポートフォリオはどのような性質をもっているか。また逆に、ベンチマークと比較して低い値である場合はどうか。

（ヒント）　PER・PBRはいずれも、過去や同業他社と比較した株価水準を測る尺度である。株価が利益や純資産と比較して低いほどPERやPBRは低くなるので、理論的にはPERやPBRの低い銘柄は、株価が割安な状態に置かれていると判断できる。一般に、同程度の成長性が見込まれる銘柄同士を比較すると、PER・PBRの低い割安銘柄が、株価見通しの観点から魅力があると考えられる。その一方で、PERやPBRは現状の収益や純資産の水準から株価を評価する尺度であり、将来的な収益動向や企業価値の変化（あるいはそれに対する期待）を必ずしも十分に表現するものではないため、これらは株式やポートフォリオのもつ多面的な特性を示す指標のひとつであるという認識が必要である。

　なお、純資産とは会社が解散した場合に、資産をすべて売却し負債を支払った残りの財産を意味する。純資産額が株式時価総額よりも大きいとすれば、解散時に株主は株式の時価よりも多くの資産を手に入れることになる。合理的に考えると、このようなことが起きるとは考えにくい。株式時価総額＜純資産額のとき、両辺を株数で割ると、株価＜BPS（1株当り純資産）となり、さらにBPSで割ると、PBR＜1となる。したがって、理論上はPBRが1を下回ることはないと考えられる。ところが、現実には多くの銘柄についてPBRが1倍を下回る現象がみられ、割安の度合いがきわめて大きいことを示している。これらの銘柄のなかには、業績や財務が悪化して将来的な純資産の減少が株価に織り込まれている場合もある一方、業績が堅調にもかかわらずPBRがここまで低いケースもありうる。

株式の配当利回り

本項では、株式ポートフォリオの性質を表す指標として、各銘柄の発行会社の配当金の時価総額に対する割合として**配当利回り**を計算する。

配当利回り＝配当金÷時価総額
　　　　　＝１株当り配当金÷株価

で求められる。

下表は、ある国内株式ポートフォリオの現在の株数・時価単価および銘柄の発行会社の当期の予想配当金である。これをもとに、ポートフォリオの平均配当利回りを、時価総額（株数×時価単価）による加重平均により求めよ。

銘柄	ポートフォリオ の株数（株）	１株当り 予想配当金（円）	時価単価 （円）
A	2,000	6	1,000
B	3,000	12	600
C	5,000	10	400

ヒント ポートフォリオの平均配当利回りを求めるには、銘柄ごとに配当利回りを求めて加重平均すればよい。

解答

次の表より、

　平均配当利回り＝(0.60％×2,000,000×2.00％×1,800,000＋2.50％
　　　　　×2,000,000)÷5,800,000＝1.69％

第４章　ポートフォリオ特性値の計算

銘柄	ポートフォリオの時価総額 （株数×単価）（円）	予想配当利回り （1株当り予想配当金÷時価単価） （％）
A	2,000,000	0.60
B	1,800,000	2.00
C	2,000,000	2.50
計	5,800,000	

参　考 ・・・・・・・・・・・・・・・・・・・・・・・・・・・・・・・・・・・・

　解答の式の分子は、このポートフォリオに対する予想配当金の総額を表している。したがって、それを時価総額で割れば、ポートフォリオの平均配当利回りになるのは当然である。

　なお、この分子の予想配当金額は、「株数×1株当り予想配当金」を銘柄ごとに足しても同じように求められる。

関連問題

●配当利回りと予想配当金

　ポートフォリオの現在の平均配当利回りを用いて、今後1年間の配当金を予想する方法を答えよ。

ヒント　配当利回りが、配当金の時価総額に対する割合であることから、今後売買をしないという前提を置くならば、「現在の時価総額×現在の配当利回り」という計算で年間の配当金収入を概算することができる。今後半年間の配当金であれば、「現在の時価総額×現在の配当利回り÷2」という計算でおおよその数字が把握できる。

4-14 株式のスタイル

　国内株式の業種別以外の分類方法として、**大型株**、**中型株**、**小型株**といった規模別構成や、**グロース株**、**バリュー株**といった分類もある。これらを、株式の**スタイル**という。区分それぞれの意味は、以下のとおりであるが、それぞれについて絶対的な定義があるわけではない。

　大型株：時価総額が大きく流動性が高い銘柄
　中型株：大型株に次いで時価総額が大きく流動性が高い銘柄
　小型株：時価総額が小さく流動性が低い銘柄
　グロース株（成長株）：企業の売上や利益の成長率が高い銘柄（企業の成長性により高い収益率が期待できる銘柄）
　バリュー株（割安株）：本来の価値と比較して株価が低い（割安に放置されている）と考えられる銘柄（本来の株価に修正されることにより、高い収益率が期待できる銘柄）

　なお、1個の銘柄をバリュー指数・グロース指数のどちらか一方に組み入れるのではなく、たとえばバリュー60％、グロース40％のようにウェイトづけをして双方に組み入れることもできる。

　次の表は、あるベンチマークインデックスの内訳である（簡単にするために、ベンチマーク構成銘柄は6銘柄のみとする）。
　(1)　大型株・中型株・小型株の時価総額による構成比を求めよ。
　(2)　グロース株・バリュー株の時価総額による構成比を求めよ。
　なお、各定義を以下のとおりとし、上位・下位の分布はいずれも、この6銘柄のみで考えてよい。

　　大型株：時価総額が上位3分の1に属する銘柄

中型株：時価総額が上位3分の1と下位3分の1の間に属する銘柄

小型株：時価総額が下位3分の1に属する銘柄

グロース株：PBRが上位3分の1に属する銘柄

バリュー株：PBRが下位3分の1に属する銘柄

なお、PBRが上位3分の1と下位3分の1の間にある銘柄は、時価総額の50%ずつをそれぞれグロース株、バリュー株とみなす。

銘柄	時価総額（百万円）	PBR
A	500,000	1.3
B	200,000	1.1
C	100,000	2.0
D	1,000,000	1.7
E	20,000	1.5
F	50,000	1.0

解答

各銘柄のスタイル区分は、下の表のとおり。

銘柄	時価総額（百万円）	時価総額順位	規模	PBR順位	グロース度（%）	バリュー度（%）
A	500,000	2	大型株	4	50	50
B	200,000	3	中型株	5	0	100
C	100,000	4	中型株	1	100	0
D	1,000,000	1	大型株	2	100	0
E	20,000	6	小型株	3	50	50
F	50,000	5	小型株	6	0	100
合計	1,870,000					

(1) 大型株：$(500,000 + 1,000,000) \div 1,870,000 = 80.2\%$

　　中型株：$(200,000 + 100,000) \div 1,870,000 = 16.0\%$

　　小型株：$(20,000 + 50,000) \div 1,870,000 = 3.7\%$

(2) グロース株：$(500,000 \times 1/2 + 100,000 + 1,000,000 + 20,000 \times 1/2)$

$$\div 1{,}870{,}000 = 72.7\%$$

バリュー株：$(500{,}000 \times 1/2 + 200{,}000 + 20{,}000 \times 1/2 + 50{,}000)$

$$\div 1{,}870{,}000 = 27.3\%$$

評価損益と評価損益率

ポートフォリオの現状を把握するカギのひとつとして、**評価損益率**がある。すでに説明したとおり、年度初めに1,000円で買った株式が年度末に1,200円に上昇すれば評価損益が200円となり、年度末の評価損益率は20%である。この計算は、最も単純な時間加重収益率の計算と同じであるが、これは初めて購入した年度だからであり、次の年度は事情が異なる。次の年度末にさらに1,320円まで上昇したとしよう。2年目の時間加重収益率は、1,200円と1,320円を比較して10%と求められるが、年度末の評価損益率は、1,000円と1,320円を比較して32%となる。1,000円はこの株式の簿価である。つまり、時間加重収益率には簿価が関与しないのに対し、評価損益率は売却しない限り簿価がついて回るのである。

このように、評価損益率という切り口でポートフォリオの状況を調べる方法は、簿価主義の延長上にある概念といえる。

計算式は、次のとおり。

評価損益＝時価金額－簿価金額
評価損益率＝評価損益÷簿価金額

例題

次の4銘柄からなる国内株式ポートフォリオがある。この銘柄A～Dのそれぞれの評価損益率を求めよ。また、ポートフォリオ全体の評価損益と評価損益率を求めよ。

	簿価金額 （百万円）	時価金額 （百万円）
銘柄 A	20	22
銘柄 B	15	16
銘柄 C	18	17
銘柄 D	21	22

解答

下表のとおり。

	簿価金額 （百万円）	時価金額 （百万円）	評価損益 （百万円）	評価損益率 （％）
銘柄 A	20	22	2	10.00
銘柄 B	15	16	1	6.67
銘柄 C	18	17	−1	−5.56
銘柄 D	21	22	1	4.76
計	74	77	3	4.05

参考

　ポートフォリオ全体の評価損益率は、銘柄ごとの評価損益率を簿価金額で加重平均した値に等しい（式を書けば理由はすぐにわかるはずである）。

売買回転率

ここまでは、ある時点におけるポートフォリオの特性を表す数値について説明した。この項では、ある一時点ではなく、ある期間における売買金額の大きさを測る特性値として**売買回転率**を取り上げる。

売買回転率とは、購入・売却額の残高に対する比率である。

売買回転率が大きいことは、残高と比較して売買に伴う手数料の割合が大きいことを意味するため、運用にかかるコストの大きさを測るうえで注目されることが多い。

例題

ある国内株式ポートフォリオのある月の時価平均残高を10億円、期中購入額を3億円、期中売却額を2億円としたとき、国内株式の売買回転率を以下の3通りの方法で求めよ。

(1) 購入額と売却額の平均を平均残高で割る方法
(2) 購入額と売却額のうち小さいほうを平均残高で割る方法
(3) 購入額と売却額のうち大きいほうを平均残高で割る方法

解答

(1) $\{(3+2) \times 1/2\} \div 10 = 25.00\%$
(2) $2 \div 10 = 20.00\%$
(3) $3 \div 10 = 30.00\%$

関連問題

●売買回転率の分子

　売買回転率の分子としては、購入額と売却額の単純平均か、あるいは購入額と売却額のうち小さいほうを用いるのが一般的である。それぞれの方法について、売買回転率の数字にどのような特徴が表れるかを答えよ。

(ヒント)　この例題の数値例では、購入額が３億円に対して売却額が２億円であり、これは３億－２億＝１億円の投資金額の増加を意味する。したがって、購入額のうち１億円は国内株式のファンドマネージャーにとってやむをえない部分と考えられる。この残りが購入額２億円と売却額２億円である。これは銘柄の入替えを示しており、これによる購入額・売却額の増加は、アセットアロケーションの細かい変更がない限りにおいては、ファンドマネージャーによって意図的になされたものと考えられる。

　したがって、購入額・売却額のうち小さいほうを分子とする計算方法は、購入と売却のうちファンドマネージャーの裁量によって行われた部分のみを対象とすることを、ある程度意図していると考えられる。

─Microsoft Excel を用いて ─

　Excelで最大値・最小値を求めるには、**MAX**および**MIN**という関数を用いる。

	A	B	C
1	10	10	1
2	5		
3	1		
4	8		
5	2		

※セルB1の式：＝MAX（A1:A5）
　セルC1の式：＝MIN（A1:A5）

第４章　ポートフォリオ特性値の計算　**231**

リスクの計算

第5章では、収益率とトレードオフの関係にあるといわれるリスクの計算方法について説明する。リスクは予想不可能なもの全般を指すかたちで日常的によく使われる言葉であるが、本章で取り上げるリスクは、収益率のばらつきのことである。

　非常に高い収益率を得るときもあれば、逆に非常に低い収益率になることもあるという場合に、リスクが大きいといえる。リスクの計算には標準偏差を用いるのが普通である。

　ファンド全体のリスクは、単純に資産ごとのリスクを加重平均するのではない。もしも、資産のうち一方の資産の収益率が高いときにもう一方の資産の収益率が低いという関係があるならば、この両方の資産を組み入れることにより、片方の成績が悪いときにもう一方が良い成績をあげて補うというかたちでリスクが軽減される。各資産のポートフォリオの中身についても同様で、銘柄数が少ないと、収益率の良いときと悪いときの差が激しくなるが、多くの銘柄を組み入れることでリスクが軽減される。これが分散投資の効果である。これを測定するためには相関係数という統計上の数値の計算が必要となる。

　このような絶対リスク（ポートフォリオ収益率そのもののばらつき）に対して、相対リスク、すなわち対ベンチマーク超過収益率のリスクを計算することもできる。これをトラッキングエラーという。

　市場とポートフォリオとの連動性を示す指標がベータ値である。ベータ値が1より大きいと、市場よりも時価変動が大きいので、上げ相場に強く、下げ相場に弱い性質がある。

　収益率とリスクを総合的に評価する場合に、リスク調整後収益率がよく用いられる。本書では、シャープレシオとインフォメーションレシオ、さらに下方リスクに注目したソルティノレシオを取り上げる。またファンド全体の最大損失額を示す指標として、過去の実績値を用いる最大ドローダウンと予測値であるバリューアットリスクを取り上げる。

5-1 分散と標準偏差

　最近6カ月の国内債券の月間収益率が、それぞれ0.70％、0.80%、0.90%、1.10%、1.20%、1.30%だったとする。一方、国内株式のほうは−4.00%、−2.00%、0.00%、2.00%、4.00%、6.00%であった。どちらも平均すれば1.00％だが、ばらつき（散らばり）度合いがまったく違う。証券投資の世界では、このばらつきを「**リスク**」としてとらえ、収益率（リターン）と対になる概念としている。国内株式は、6.00%という高い収益率が得られたことがある反面、−4.00％という低い収益率になってしまった実績もあることから国内債券に比べてリスクが大きいと考えられる。ここでは、リスクの尺度として代表値である**分散**と**標準偏差**を取り上げる。

　分散は散らばり度合いを表すための計算式のため、データの個数をn、データの平均値をE（X）とすると次の式で表される。

$$\text{分散}\, V(X) = \frac{1}{n} \sum (X - E(X))^2$$

　また、標準偏差の計算は分散を用いて次の式で表される。

$$\text{標準偏差} = \sqrt{\text{分散}}$$

次の月間収益率のデータの分散および標準偏差を求めよ。

	収益率（％）		収益率（％）		収益率（％）
1月	2	5月	4	9月	2
2月	−3	6月	0	10月	1
3月	−1	7月	−2	11月	1
4月	2	8月	−3	12月	0

ヒント 分散とは、「平均との差の2乗」を平均したものである。2乗にしているため、平均からの差がプラスであれマイナスであれ、各データが平均から離れていればいるほど分散は大きくなる。つまり、分散はばらつきの度合いを表す特性値である。

原データと単位を揃えるために分散の正の平方根をとったものを標準偏差という。したがって、分散と同様に、標準偏差もばらつきの度合いを表す特性値であり、データの散らばり度合いが大きいほど標準偏差の値が大きくなる。

冒頭の分散の計算式は次の式に変形できることが知られており、こちらの式を利用すると早く計算できる。

$$分散 V(X) = \frac{1}{n}\sum X^2 - E(X)^2$$

解 答

月間収益率の平均は、

$$E(X) = \{2 + (-3) + (-1) + \cdots + 0\} \div 12 = 0.25\%$$

よって分散は、

$$V(X) = \frac{1}{12}\{(2 - 0.25)^2 + (-3 - 0.25)^2 + (-1 - 0.25)^2 + \cdots + (0 - 0.25)^2\}$$
$$= 4.35\%^2$$

標準偏差$(\sigma) = \sqrt{4.35} = 2.09\%$

参 考 ●

ヒントにある簡単な計算式を用いると

$$分散 V(X) = \frac{1}{12}\{2^2 + (-3)^2 + (-1)^2 + \cdots + 0^2\} - 0.25^2$$
$$= 4.35\%^2$$

─Microsoft Excel を用いて─

Excelには、標準偏差を簡単に求める関数がある。以下のように**STDEV.P**関数を用いればよい。

	A	B
1	2	2.29
2	− 3	
3	− 1	
4	2	
5	4	
6	0	

※セルB1の式：＝STDEV.P（A1:A6）

混合しやすい関数として、**STDEV.S**関数がある。こちらは、データを母集団の標本であるとみなして、母集団に対する標準偏差を返す関数である。

この関数は、分散を求めるのに次の式を用いて算出されている。

$$分散V(X) = \frac{1}{n-1}\sum(X - E(X))^2$$

なぜ、nの代わりにn−1で割るのかを説明するには数学を必要とするので、ここでは省略する（統計学の本などを参照）。

前記の例の6個のデータを母集団全体として使うとき、つまり、全データを使って標準偏差を計算するときは、STDEV.Pを使う。一方、上記の例の6個のデータが1万個のなかから抜き取ったデータのとき、すなわちたくさんのデータのなかからサンプリングしたデータを使って標準偏差を計算するときは、STDEV.S関数を使う。

なお、Excel 2007以前のバージョンでは、STDEV.P関数の代わりにSTDEVP関数を、STDEV.S関数の代わりにSTDEV関数を用いる。

5...2

期待収益率と標準偏差

　収益率とその収益率になる確率がわかっているときに、どのくらいの収益率を得ることが期待できるのかを「**期待値**」を用いて表すことができる。「期待値」は変数を、その発生する確率をウェイトとして加重平均した値であり、次の式で求められる。ただし、Pr（X）は、Xという値が発生する確率を示す。

$$期待値 E(X) = \sum Pr(X)X$$

　たとえば、サイコロを振って出る目の期待値は、1/6×（1 + 2 + 3 + 4 + 5 + 6）=3.5となる。本項では、収益率の期待値、すなわち**期待収益率**とその標準偏差について取り扱う。

例題 1

　ある国内株式ポートフォリオの来年度の収益率が次のように予想されるとき、このポートフォリオの期待収益率を求めよ。

	収益率（%）	確率
ケース1（強気）	5.00	0.25
ケース2（普通）	1.00	0.50
ケース3（弱気）	−1.00	0.25

解答

　　期待収益率 = 0.25×5.00 + 0.50×1.00 + 0.25×（−1.00）= 1.50%

参考

上記の例題の数値で考えると、5.00％と1.00％と－1.00％が1：2：1の比率で現れる場合の期待値を求める問題に置き換えられる。つまり、5と1と1と－1の4つの値の平均を求める問題と同じであるといえる。

例題 2

例題1の数値を用いて、収益率の分散と標準偏差を求めよ。

ヒント このような確率分布の分散・標準偏差を求める場合は、次のような式になる。

$$分散 V(X) = \sum Pr(X)(X - E(X))^2$$

$$標準偏差 \sigma = \sqrt{分散}$$

解答

$$分散 V(X) = 0.25 \times (5.00 - 1.50)^2 + 0.50 \times (1.00 - 1.50)^2 + 0.25 \times (-1.00 - 1.50)^2 = 4.75\%^2$$

$$標準偏差 \sigma = \sqrt{4.75} = 2.18\%$$

参考

例題1と同様に、この問題は以下の問題と同じことである。
「5と1と1と－1の4つの値の分散・標準偏差を求めよ」

これは、確率分布を実績データに置き換えてわかりやすくしたものである。サイコロの出目のように、各データが発生する確率が個々に与えられている場合の確率分布を「**離散型確率分布**」という。これと反対に、身長や体重のように発生するデータが連続的な場合の確率分布を「**連続型確率分布**」という。たとえば、「身長が170cmの人は全体の○％」ということはできないが、「身長が160cm以上170cm以下の人は全体の○％」と表現することは可能であることが、連続型確率分布の特徴である。

第5章 リスクの計算 239

次項で説明する正規分布は連続型確率分布の代表例である。現実には、収益率は連続型確率分布に従うと仮定するのが普通であるが、計算がややむずかしく、基礎概念を理解するだけであれば離散型確率分布の計算問題を練習するだけで十分なので、ここでは扱わない（統計学の本などを参照）。

5.3 正規分布

　成人の身長や製品の品質などのデータは、「**正規分布**」と呼ばれる分布に従って発生していると仮定する場合が多い。ここでは、収益率が正規分布に従うと仮定してその特徴を説明する。

 **1**

　あるポートフォリオの月間収益率（単位：%）が、平均が0で標準偏差が1の正規分布に従っていると仮定する。このとき、次の確率を求めよ。ただし、標準正規分布表として下表を利用せよ。
(1)　ある月の収益率が0％以上になる確率
(2)　ある月の収益率が1％以下になる確率
(3)　ある月の収益率が－2％以下になる確率
(4)　ある月の収益率が－3％以上になる確率
(5)　ある月の収益率が－2％以上1.5％以下になる確率

x	K(x) (x以上になる確率)
0.0	0.5000
0.5	0.3085
1.0	0.1587
1.5	0.0668
2.0	0.0228
2.5	0.0062
3.0	0.0013
3.5	0.0002

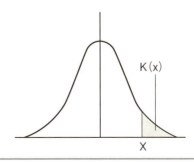

第5章　リスクの計算

ヒント　正規分布は、以下のような左右対称な釣鐘型をした分布である。正規分布は平均と分散（標準偏差）が決まれば形状が決まる。平均が μ、分散が σ^2 の正規分布を $N(\mu, \sigma^2)$ と表記することもある。

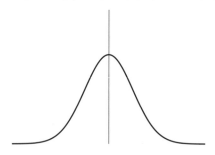

　正規分布のうちで、平均が0で分散が1のものを「**標準正規分布**」という。$N(0, 1)$ とも表される。標準正規分布に従って発生している場合には、標準正規分布表を用いることによって、どのような大きさのデータがどのような確率で発生するかがすぐにわかる。

　標準正規分布表をみると、収益率が0％以上である確率は0.5000、収益率が1％以上となる確率は0.1587である。分布が平均を0として左右対称なので、0％以上が0.5となるのは当然である。

　左右対称であることを利用すると、収益率が－1％以下となる確率は収益率が1％以上となる確率に等しいので、やはり0.1587である。また、収益率が－1％以上となる確率は、1から0.1587を引いて0.8413とすればよい。

　このような方法を組み合わせて用いれば、例題の問題はすべて解ける。

解答

(1)　$K(0.0) = 0.5000$

(2)　$1 - K(1.0) = 1 - 0.1587 = 0.8413$

(3)　$1 - K(-2.0) = K(2.0) = 0.0228$

(4)　$K(-3.0) = 1 - K(3.0) = 1 - 0.0013 = 0.9987$

(5)　$K(-2.0) - K(1.5) = (1 - K(2.0)) - K(1.5)$
$ = (1 - 0.0228) - 0.0668 = 0.9104$

> **参考**
>
> 上の例題の正規分布表は簡易版である。さらに細かい表が統計学の本などに掲載されている。K（x）が0.01のときxは2.33となるため、覚えておくとよい。

x	K（x） (x以上になる確率)
2.0	0.0228
2.33	0.0100
2.5	0.0062

例題 2

あるポートフォリオの月間収益率（単位：％）が、平均が3で標準偏差が1の正規分布に従っていると仮定する。このとき、次の確率を求めよ。ただし、標準正規分布表として例題1の表を利用せよ。

(1) ある月の収益率が4％以上になる確率
(2) ある月の収益率が2.5％以上4％以下になる確率

ヒント 例題1と異なるのは、正規分布の平均が0ではなく3であることである。しかし、これは標準正規分布が右に3だけ平行移動したと考えれば簡単である。

たとえば、(1)は「標準正規分布において収益率が4－3＝1％以上になる確率」という問題に置き換えられる。

解答

(1) 4－3＝1より、K(1.0)＝0.1587
(2) 2.5－3＝－0.5、4－3＝1より、
　　K(－0.5)－K(1.0)＝（1－K(0.5)）－K(1.0)
　　　　　　　　　　＝（1－0.3085）－0.1587＝0.5328

例題 3

あるポートフォリオの月間収益率（単位：％）が、平均が 0 で標準偏差が 2 の正規分布に従っていると仮定する。このとき、次の確率を求めよ。ただし、標準正規分布表として例題 1 の表を利用せよ。

(1) ある月の収益率が 1 ％以上になる確率

(2) ある月の収益率が − 2 ％以上 4 ％以下になる確率

ヒント 例題 1 と異なるのは、正規分布の標準偏差が 1 から 2 に変わったことである。これは、標準正規分布の表を横方向に 2 倍に拡大したと考えてよい。たとえば、(1)は、「標準正規分布において収益率が $1 \div 2 = 0.5$ ％以上になる確率」という問題に置き換えられる。

解答

(1) $1 \div 2 = 0.5$ より、$K(0.5) = 0.3085$

(2) $-2 \div 2 = -1$、$4 \div 2 = 2$ より、

$$K(-1.0) - K(2.0) = (1 - K(1.0)) - K(2.0)$$
$$= (1 - 0.1587) - 0.0228 = 0.8185$$

例題 4

あるポートフォリオの月間収益率（単位：％）が、平均が − 1 で標準偏差が 0.5 の正規分布に従っていると仮定する。このとき、次の確率を求めよ。ただし標準正規分布表として例題 1 の表を利用せよ。

(1) ある月の収益率が − 1.5 ％以下になる確率

(2) ある月の収益率が − 1.75 ％以上 − 0.25 ％以下になる確率

ヒント 平均と標準偏差が両方とも標準正規分布と異なるケースである。例題 2 と例題 3 で行った平行移動および、横方向の拡大・縮小を組み合わせればよい。

解 答

(1)　$(-1.5+1)\div0.5=1$ より、$1-K(-1.0)=K(1.0)=0.1587$

(2)　$(-1.75+1)\div0.5=-1.5$、$(-0.25+1)\div0.5=1.5$ より、

$$K(-1.5)-K(1.5)=(1-K(1.5))-K(1.5)$$
$$=(1-0.0668)-0.0668=0.8664$$

5…4

共 分 散

　ここで説明する**共分散**は、次項で登場する相関係数を計算するための準備として必要な項目である。

　XとYの共分散を求める式は、E（X）をXの平均値、E（Y）をYの平均値とすると、以下の式で表される。

$$\text{共分散} \quad \text{Cov}(X, Y) = \frac{1}{n}\sum (X-E(X))(Y-E(Y))$$

例題… 1

　下表は、ある年の外国債券ポートフォリオと外国株式ポートフォリオの収益率である。これをもとに、外国債券の収益率と外国株式の収益率の共分散を求めよ。

	外国債券(%)	外国株式(%)		外国債券(%)	外国株式(%)
1月	2.00	1.00	7月	−2.00	−2.00
2月	−3.00	−2.00	8月	−3.00	−1.00
3月	−1.00	−3.00	9月	2.00	0.00
4月	2.00	1.00	10月	1.00	1.00
5月	4.00	3.00	11月	1.00	2.00
6月	0.00	1.00	12月	0.00	−1.00

ヒント　外国債券の収益率をX、外国株式の収益率をYとして共分散を求める式に当てはめればよい。

　右辺は、Xの平均からの差とYの平均からの差を掛け合わせたものの平均である。Xの平均からの差とYの平均からの差がともにプラスか、またはともにマイナスであれば、掛け合わせてプラスになるが、一方がプラス

246

で一方がマイナスであれば、掛け合わせてマイナスになることを考えると、以下のことがいえる。

①XとYがともに平均以上のデータは、共分散を大きくする。

②XとYがともに平均以下のデータは、共分散を大きくする。

③Xが平均以上でYが平均以下のデータは、共分散を小さくする。

④Xが平均以下でYが平均以上のデータは、共分散を小さくする。

この例題の場合は、外国債券の収益率が高い月は外国株式の収益率も高く、外国債券の収益率が低い月は外国株式の収益率も低い関係にあるため、共分散はプラスになることが予想される。

仮に、逆に外国債券の収益率が高い月に外国株式の収益率が低い関係にあるとすれば、共分散はマイナスになることが予想される。

なお、分散と同じように、共分散は次の式でも計算できる。

$$\text{共分散} \quad Cov(X, Y) = \frac{1}{n}\sum XY - E(X)E(Y)$$

解答

外国債券の収益率をX、外国株式の収益率をYとすると、

$E(X) = 0.25\%$

$E(Y) = 0.00\%$

共分散 $Cov(X, Y) = 1/12 \times \{(2 - 0.25) \times (1 - 0) + (-3 - 0.25) \times$

$(-2 - 0) + \cdots\cdots + (0 - 0.25) \times (-1 - 0)\}$

$= 2.92\%^2$

例題 2

ある国内債券ポートフォリオおよび国内株式ポートフォリオの来年度の収益率が次のように予想されるとき、

(1) 国内債券・国内株式それぞれのポートフォリオの期待収益率を求めよ。

(2) 国内債券の収益率と国内株式の収益率の共分散を求めよ。

第5章　リスクの計算　**247**

	国内債券の収益率(%)	国内株式の収益率(%)	確率
ケース1（ともに上昇）	5.00	5.00	0.10
ケース2（ともに下落）	−5.00	−5.00	0.10
ケース3（国内債券のみ上昇）	5.00	−5.00	0.40
ケース4（国内株式のみ上昇）	−5.00	5.00	0.40

ヒント　分散・標準偏差を**5.2**の例題2のように計算したのと同様に、確率分布の共分散を求める問題。

共分散は、次の式で求められる。

共分散　$Cov(X, Y) = \Sigma Pr(X, Y)(X - E(X))(Y - E(Y))$

解答

(1)　国内債券の収益率をX、国内株式の収益率をYとすると、

$E(X) = 0.10 \times 5.00 + 0.10 \times (-5.00) + 0.40 \times 5.00 + 0.40 + (-5.00)$
$= 0.00\%$

$E(Y) = 0.10 \times 5.00 + 0.10 \times (-5.00) + 0.40 \times (-5.00) + 0.40 \times 5.00$
$= 0.00\%$

(2)　共分散$Cov(X, Y) = 0.10 \times (5.00 - 0.00) \times (5.00 - 0.00)$
$+ 0.10 \times (-5.00 - 0.00) \times (-5.00 - 0.00)$
$+ 0.40 \times (5.00 - 0.00) \times (5.00 - 0.00)$
$+ 0.40 \times (-5.00 - 0.00) \times (5.00 - 0.00)$
$= -15.00\%^2$

参考

一方が上昇して一方が下落する確率のほうが、ともに上昇かともに下落する確率よりもかなり大きいので、共分散は大幅にマイナスになる。大幅にと説明したが、どの程度ならば大幅なのかということを標準化させたものが相関係数である（次項参照）。

5・5 相関係数

　2つの変数において、「一方が増えればもう一方も増える」、あるいは逆に「一方が増えればもう一方が減る」という関係を**相関関係**という。多数の銘柄の集合体としてのポートフォリオ全体のリスクを考えるうえで、銘柄ごとの収益率の相関関係は非常に重要である。また、いくつかの資産が組み合わされたファンドのリスクを考えるうえで、資産ごとの収益率の相関関係は欠かせない。

　データ系列XとYの**相関係数**は次の式で求められる。

$$\text{相関係数} = \frac{X と Y の共分散}{X の標準偏差 \times Y の標準偏差} = \frac{\mathrm{Cov}(X, Y)}{\sigma_X \times \sigma_Y}$$

　これは、共分散の値を標準化するために、双方の標準偏差で割った式である。

例題 1

　下表は、ある年の国内株式市場と外国株式市場の月間収益率である。これをもとに、国内株式の収益率と外国株式の収益率の相関係数を求めよ。

	国内株式(%)	外国株式(%)		国内株式(%)	外国株式(%)
1月	2	2	7月	−1	−1
2月	0	1	8月	2	0
3月	−1	−2	9月	3	3
4月	−3	−1	10月	5	4
5月	2	3	11月	1	2
6月	0	2	12月	−1	−1

解 答

国内株式の収益率をX、外国株式の収益率をYとすると、

Xの平均＝0.75%

Yの平均＝1.00%

Xの分散＝$\{(2-0.75)^2+(0-0.75)^2+\cdots+(-1-0.75)^2\}\div12$

$\qquad=4.35\%^2$

Xの標準偏差＝$\sqrt{4.35}=2.09\%$

Yの分散＝$\{(2-1)^2+(1-1)^2+\cdots+(-1-1)^2\}\div12=3.50\%^2$

Yの標準偏差＝$\sqrt{3.50}=1.87\%$

XとYの共分散＝$\{(2-0.75)\times(2-1)+(0-0.75)\times(1-1)$

$\qquad\qquad+\cdots+(-1-0.75)\times(-1-1)\}\div12=3.25\%^2$

よって、

XとYの相関係数＝$3.25\div(2.09\times1.87)=0.83$

参 考

相関係数は一般的に r で表し、−1から1までの値をとる。

相関係数がプラスのとき、**正の相関**があるという。また、相関係数がマイナスのとき、**負の相関**（または**逆相関**）があるという。

また、相関係数は下表のように評価されることが多いが、あくまで目安であり、ヒントの例や比較するものにより異なる評価を与える必要があることもある。

相関係数 r	評価
0.0〜±0.2	ほとんど相関がない
±0.2〜±0.4	弱い相関がある
±0.4〜±0.7	相関がある
±0.7〜±1.0	強い相関がある

データの散布図と相関係数の関係は、おおむね次のようなグラフになる。

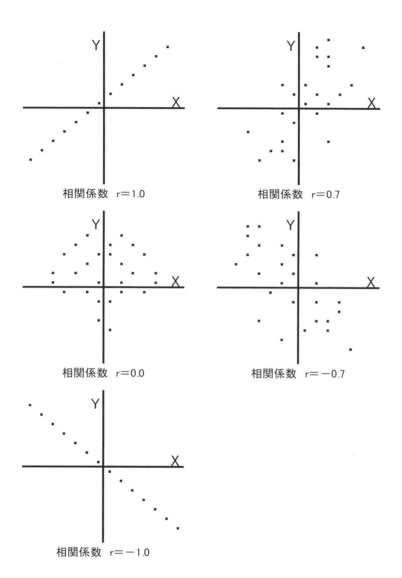

第 5 章 リスクの計算

例題 ••• 2

5.4の例題2の表をもとに、国内債券と国内株式の収益率の相関係数を求めよ。

解答

確率分布の相関係数を求める場合も同じように、共分散と標準偏差を用いた式で求められる。

国内債券の収益率をX、国内株式の収益率をYとすると、**5.4**の例題2の解答より、

Xの平均＝0.00%

Yの平均＝0.00%

共分散Cov(X，Y) ＝ －15.00%^{2}

Xの分散 ＝ $0.10 \times (5.00-0.00)^2 + 0.10 \times (-5.00-0.00)^2$
$+ 0.40 \times (5.00-0.00)^2 + 0.40 \times (-5.00-0.00)^2 = 25.00\%^2$

Xの標準偏差 ＝ $\sqrt{25.00}$ ＝5.00%

Yの分散 ＝ $0.10 \times (5.00-0.00)^2 + 0.10 \times (-5.00-0.00)^2$
$+ 0.40 \times (-5.00-0.00)^2 + 0.40 \times (5.00-0.00)^2 = 25.00\%^2$

Yの標準偏差 ＝ $\sqrt{25.00}$ ＝5.00%

よって、XとYの相関係数は、

XとYの相関係数 ＝ $-15.00 \div (5.00 \times 5.00)$ ＝ -0.60

関連問題

●相関係数が0の意味

「XとYの相関係数が0のとき、XとYはどのような関係ももたない」という意見は正しいかどうかを答えよ。

> **ヒント** 相関係数が0のことを「無相関」というが、これは「無関係」とは違う。下の散布図のような関係にあっても、相関係数は0になる。

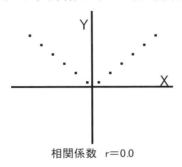

相関係数 r＝0.0

─Microsoft Excel を用いて─

Excelには、相関係数を簡単に求める関数がある。以下のように**CORREL**関数を用いればよい。

	A	B	C
1	国内株式	外国株式	0.8325
2	2	2	
3	0	1	
4	−1	−2	
5	−3	−1	
6	2	3	
7	0	2	
8	−1	−1	
9	2	0	
10	3	3	
11	5	4	
12	1	2	
13	−1	−1	

※セルC1の式：＝CORREL(A2:A13,B2:B13)

第5章 リスクの計算

5...6 ファンドの期待収益率とリスク

ここまでは、1資産のみの収益率とリスクの計算を行ったが、本項では、2資産以上が、ある一定の構成比で組み入れられたファンドの収益率とリスクの計算を行う。

ファンドの期待収益率は、資産ごとの期待収益率を加重平均したものに等しい。一方、リスクについては加重平均値には一致していない。

外国債券と外国株式の2資産によるファンドがある。組入比率は50％ずつとする。下表のように、来年度の収益率が4つのケースで予想されているとき、

(1) 外国債券と外国株式それぞれの期待収益率を求めよ。
(2) ファンドの期待収益率を求めよ。
(3) 外国債券と外国株式それぞれの収益率のリスク（標準偏差）を求めよ。
(4) 外国債券と外国株式の収益率の相関係数を求めよ。
(5) ファンドの収益率のリスク（標準偏差）を求めよ。

	外国債券の収益率（％）	外国株式の収益率（％）	確率
ケース1	3.00	4.00	0.4
ケース2	3.00	0.00	0.1
ケース3	−1.00	4.00	0.1
ケース4	−1.00	0.00	0.4

ヒント　組入比率が50％ずつなので、ケース1～4それぞれについて、ファンドの収益率は、2資産それぞれの収益率を50：50の比率で加重平均したものに等しくなる。

解答

外国債券の収益率をX、外国株式の収益率をYとすると、

(1) 外国債券の期待収益率は、
$$E(X) = 0.4 \times 3.00 + 0.1 \times 3.00 + 0.1 \times (-1.00) + 0.4 \times (-1.00)$$
$$= 1.00\%$$

外国株式の期待収益率は、
$$E(Y) = 0.4 \times 4.00 + 0.1 \times 0.00 + 0.1 \times 4.00 + 0.4 \times 0.00$$
$$= 2.00\%$$

(2) ファンドの収益率は、ケース別にみると下表のようになる。

	外国債券の収益率（％）	外国株式の収益率（％）	ファンドの収益率（％）	確率
ケース1	3.00	4.00	3.50	0.4
ケース2	3.00	0.00	1.50	0.1
ケース3	−1.00	4.00	1.50	0.1
ケース4	−1.00	0.00	−0.50	0.4

よって、ファンドの期待収益率は、
$$3.50 \times 0.4 + 1.50 \times 0.1 + 1.50 \times 0.1 + 0.4 \times (-0.50) = 1.50\%$$

(3) 外国債券の分散は、
$$V(X) = 0.4 \times (3.00 - 1.00)^2 + 0.1 \times (3.00 - 1.00)^2$$
$$+ 0.1 \times (-1.00 - 1.00)^2 + 0.4 \times (-1.00 - 1.00)^2 = 4.00\%^2$$

よって、標準偏差は、$\sqrt{4.00} = 2.00\%$

外国株式の分散は、
$$V(Y) = 0.4 \times (4.00 - 2.00)^2 + 0.1 \times (0.00 - 2.00)^2$$
$$+ 0.1 \times (4.00 - 2.00)^2 + 0.4 \times (0.00 - 2.00)^2 = 4.00\%$$

よって、標準偏差は、$\sqrt{4.00} = 2.00\%$

第5章　リスクの計算　255

(4) 共分散は、

$$\mathrm{Cov}(X, \ Y) = 0.4 \times (3.00 - 1.00) \times (4.00 - 2.00) + 0.1 \times (3.00 - 1.00)$$
$$\times (0.00 - 2.00) + 0.1 \times (-1.00 - 1.00) \times (4.00 - 2.00)$$
$$+ 0.4 \times (-1.00 - 1.00) \times (0.00 - 2.00) = 2.40\%^2$$

よって、相関係数は、

$$r_{XY} = 2.40 \div (2.00 \times 2.00) = 0.60\%$$

(5) ファンドの収益率とその確率は(2)の表のようになるので、期待収益率が1.50%であることを利用して、分散は、

$$0.4 \times (3.50 - 1.50)^2 + 0.1 \times (1.50 - 1.50)^2 + 0.1 \times (1.50 - 1.50)^2$$
$$+ 0.4 \times (-0.50 - 1.50)^2 = 3.20\%^2$$

よって、標準偏差は、

$$\sqrt{3.20} = 1.79\%$$

参考 •

(2)で求めたファンドの期待収益率1.50%は、(1)で求めた2資産の期待収益率（1.00%と2.00%）を組入比率（50%：50%）で加重平均したものに等しいことに気がつく。

ファンドの期待収益率＝資産ごとの期待収益率の加重平均

この関係は一般に成立する。

一方、(5)で求めたファンドのリスク1.79%は、(3)で求めた2資産のリスク（2.00%と2.00%）の加重平均とはならず、どちらよりも小さい値になっている。組入比率がマイナスにならない限り（先物運用等をしない限り）は、

ファンドのリスク≦資産ごとのリスクの加重平均

という関係が一般に成り立つが、この点については次項を参照。

5...7

分散投資によるリスク軽減効果

　前項の例題では、ファンドのリスクが資産ごとのリスクを加重平均した値よりも小さくなるという一般原則の実例を紹介した。この事実は、**分散投資**による「**リスク軽減効果**」と呼ばれるものであり、なぜ複数の資産に分けて投資を行うほうがよいかを説明する重要な理論である。

例題 ... 1

　国内株式と外国株式の2資産によるファンドがある。組入比率は国内株式が70%、外国株式が30%とする。2資産それぞれの過去5カ月の収益率が下表(1)〜(4)の4つの場合について、2資産の収益率の相関係数およびこの実績値に基づくファンドのリスク（標準偏差）を求めよ。

(1)

	国内株式 (%)	外国株式 (%)
1月	1.00	2.00
2月	2.00	4.00
3月	3.00	6.00
4月	4.00	8.00
5月	5.00	10.00

(2)

	国内株式 (%)	外国株式 (%)
1月	1.00	4.00
2月	2.00	2.00
3月	3.00	6.00
4月	4.00	10.00
5月	5.00	8.00

(3)

	国内株式 (%)	外国株式 (%)
1月	1.00	8.00
2月	2.00	10.00
3月	3.00	6.00
4月	4.00	2.00
5月	5.00	4.00

(4)

	国内株式 (%)	外国株式 (%)
1月	1.00	10.00
2月	2.00	8.00
3月	3.00	6.00
4月	4.00	4.00
5月	5.00	2.00

第5章　リスクの計算　　**257**

ヒント (1)は、両者の収益率が右上りの一直線上にあるので、相関係数が1となるのは明らかである。逆に、(4)は、両者の収益率が右下りの一直線上にあるので、相関係数は−1となる。(2)は相関係数が$0 < R < 1$のケース、(3)は相関係数が$-1 < R < 0$のケースである。実際に計算することで確認したい。

ファンドのリスク（標準偏差）は、前項の例題と同様に、各月の2資産の収益率を70％：30％で加重平均したうえでその標準偏差を求めてもよいが、本項では、以下に示す式を用いてみる。

資産Xと資産Yの組入比率をそれぞれW_X、W_Y、X・Yという値になる確率を$Pr(X, Y)$、資産Xと資産Yの標準偏差をそれぞれσ_X、σ_Y、XとYの共分散を$Cov(X, Y)$、XとYの相関係数をr_{XY}とすると、2資産のファンドの分散は、

$$\sum Pr(X, Y) \{(W_X X + W_Y Y) - (W_X E(X) + W_Y E(Y))\}^2$$
$$= \sum Pr(X, Y) \{W_X(X - E(X)) + W_Y(Y - E(Y))\}^2$$
$$= W_X^2 \sum Pr(X)(X - E(X))^2 + W_Y^2 \sum Pr(Y)(Y - E(Y))^2 +$$
$$2W_X W_Y \sum Pr(X, Y)(X - E(X))(Y - E(Y))$$
$$= W_X^2 \sigma_X^2 + W_Y^2 \sigma_Y^2 + 2W_X W_Y Cov(X, Y)$$
$$= W_X^2 \sigma_X^2 + W_Y^2 \sigma_Y^2 + 2W_X W_Y \sigma_X \sigma_Y r_{XY}$$

解答

国内株式の収益率の標準偏差は、(1)〜(4)いずれも1.41％

外国株式の収益率の標準偏差は、(1)〜(4)いずれも2.83％

相関係数を計算すると、(1)〜(4)では順に1.00、0.80、−0.80、−1.00

よって、

(1) ファンドの分散は、

$$0.7^2 \times 1.41^2 + 0.3^2 \times 2.83^2 + 2 \times 0.7 \times 0.3 \times 1.41 \times 2.83 \times 1.00 = 3.38\%^2$$

よって、標準偏差 $= \sqrt{3.38} = 1.84\%$

(2) ファンドの分散は、

$$0.7^2 \times 1.41^2 + 0.3^2 \times 2.83^2 + 2 \times 0.7 \times 0.3 \times 1.41 \times 2.83 \times 0.80 = 3.04\%^2$$

よって、標準偏差 $=\sqrt{3.04}=1.74\%$

(3) ファンドの分散は、
$$0.7^2 \times 1.41^2 + 0.3^2 \times 2.83^2 + 2 \times 0.7 \times 0.3 \times 1.41 \times 2.83 \times (-0.80)$$
$$= 0.36\%^2$$
よって、標準偏差 $=\sqrt{0.36}=0.60\%$

(4) ファンドの分散は、
$$0.7^2 \times 1.41^2 + 0.3^2 \times 2.83^2 + 2 \times 0.7 \times 0.3 \times 1.41 \times 2.83 \times (-1.00)$$
$$= 0.02\%^2$$
よって、標準偏差 $=\sqrt{0.02}=0.14\%$

下表のように5資産で構成されたファンドについて、資産ごとの期待収益率、リスク（標準偏差）、予想組入比率および収益率の相関係数が与えられているとき、このファンドの期待収益率のリスク（標準偏差）を求めよ。

	期待収益率（％）	リスク（％）	組入比率（％）
国内債券	1.50	1.00	30
国内株式	4.00	8.50	30
外国債券	5.50	12.00	15
外国株式	5.00	9.50	20
現　　金	0.50	0.05	5

過去の市場収益率をもとに計算した相関係数

	国内債券	国内株式	外国債券	外国株式	現　　金
国内債券	1.0	0.2	－0.2	－0.2	0.0
国内株式	0.2	1.0	0.0	0.4	0.0
外国債券	－0.2	0.0	1.0	0.8	0.0
外国株式	－0.2	0.4	0.8	1.0	0.0
現　　金	0.0	0.0	0.0	0.0	1.0

ヒント　5資産のファンド収益率の分散は、2資産の場合の式を拡張して、次の式で求められる。

各資産の構成比をW_A、W_B、W_C、W_D、W_E、

各資産の標準偏差をσ_A、σ_B、σ_C、σ_D、σ_E、

相関係数をrとすると、

$$分散 = W_A^2\sigma_A^2 + W_B^2\sigma_B^2 + W_C^2\sigma_C^2 + W_D^2\sigma_D^2 + W_E^2\sigma_E^2 +$$
$$2W_AW_B\sigma_A\sigma_B r_{AB} + 2W_AW_C\sigma_A\sigma_C r_{AC} + \cdots\cdots + 2W_DW_E\sigma_D\sigma_E r_{DE}$$

解答

$$分散 = 0.30^2 \times 1.00^2 + 0.30^2 \times 8.50^2 + \cdots\cdots + 0.05^2 \times 0.05^2 + 2 \times 0.30$$
$$\times 0.30 \times 1.00 \times 8.50 \times 0.2 + 2 \times 0.30 \times 0.15 \times 1.00 \times 12.00$$
$$\times 0.2 + \cdots + 2 \times 0.20 \times 0.05 \times 9.50 \times 0.05 \times 0.00$$
$$= 22.65\%^2$$

よって、標準偏差 $= \sqrt{22.65} = 4.76\%$

関連問題　1

●相関係数とリスクの関係

2資産の相関係数とファンドのリスクには、どのような関係があるか。また、それはなぜかを答えよ。

ヒント　例題1の(1)～(4)を見比べると、国内株式と外国株式それぞれの収益率が発生する確率は同じであるのに、ファンドのリスクが異なる結果になっていることがわかる。これは、(1)～(4)では両者の相関係数が違うからである。

相関係数が大きいということは、一方の資産が良いときは他方も良く、一方が悪いときは他方も悪いという関係である。この2資産によるファンドは、良いときは非常に良く、悪いときは非常に悪い、つまりリスクが大きい。(1)は相関係数が最大の1をとる場合で、2資産に分散したことによるリスク軽減効果はまったくない。ファンドのリスクは資産ごとのリスク

の単なる加重平均となる。

逆に、相関係数が小さいということは、一方の資産が良いときは他方が悪く、一方が悪いときは他方が良いという関係である。この2資産によるファンドは、良いときと悪いときの差があまりない、つまりリスクが小さい。(4)は相関係数が最小の−1をとる場合で、2資産に分散したことにより、リスクをゼロにすることが可能である。この数値例の場合は、国内株式と外国株式の組入比率を2：1にすれば、ファンドの収益率は常に4.00%で不変、つまり、リスクはゼロの状態になる。

2資産の相関係数が大きいということは、テニスのダブルスの試合でいえば、自分の調子が良いときはいつもパートナーの調子が良く、自分の調子が悪いときはいつもパートナーの調子が悪いペアを意味する。したがって、大勝する可能性もあれば大敗する可能性もある（リスクが大きい）。これに対して、2資産の相関係数が小さいということは、テニスで一方の調子が良いときは他方の調子が悪いペアを意味する。したがって、大勝することもなければ大敗することもない（リスクが小さい）。

関連問題　2

●為替ヘッジとファンドのリスク

「ヘッジを目的とした為替予約は、ファンドのリスクを低下させる働きをもつ」という言葉は正しいかどうかを答えよ。

ヒント　外国債券や外国株式の円ベースの収益率は為替レート変動の影響を受けるが、為替ヘッジを行うことにより、債券や株式の時価の変動のみがリスクとして残るため、資産ごとのリスクは低下する場合が多い。

しかし、国内資産と外国資産が組み合わされたファンド全体のリスクが低下するか否かは一概にはいえない。為替ヘッジを行うことにより、外国資産と国内資産の相関係数が大きくなり、分散投資によるリスク軽減効果が損なわれ、その影響が大きければ、ファンド全体のリスクが高まることがある。

第5章　リスクの計算　　**261**

5.8 ファンドの収益率・リスクと正規分布

期待収益率が○○%で、リスク(標準偏差)が○○%といわれてもピンとこない、そのような場合には正規分布をイメージするとわかりやすい。

下表のように、各資産別の期待収益率およびリスク(標準偏差)が与えられているとき、次の空所に当てはまる数をそれぞれ答えよ。ただし、収益率はすべて正規分布に従うと仮定し、標準正規分布表として**5.3**の例題1の表を用いよ。

	期待収益率(%)	リスク(%)
国内債券	1.50	1.00
国内株式	4.00	8.50
外国債券	5.50	12.00
外国株式	5.00	9.50
現　金	0.50	0.05
合　計	4.50	3.50

(1) 国内債券の収益率が1.50%以上になる確率は(　)である。
(2) 国内株式の収益率が21.00%以上になる確率は(　)である。
(3) 外国債券の収益率が−6.50%以上になる確率は(　)である。
(4) 外国株式の収益率が−14.00%以上になる確率は(　)である。
(5) 合計の収益率が1.00%以上8.00%以下になる確率は(　)である。

ヒント　5.3で説明した正規分布表の見方の復習である。

平均から標準偏差1個分離れている確率や、平均から標準偏差2個分離れている確率は常に等しいため、おおよその値を記憶しておくとよい(標

準正規分布表より計算できる)。

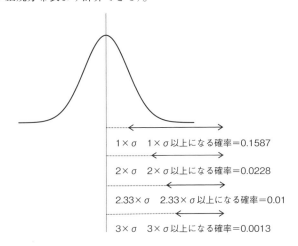

標準正規分布で1×標準偏差(σ)以上になる確率の0.1587は、およそ6分の1である。−1×標準偏差(σ)以下になる確率も同様におよそ6分の1であるため、<u>期待収益率からの差が標準偏差1個分の範囲内に入る確率は約3分の2</u>である。標準正規分布で2.33×標準偏差以上になる確率は0.01であるため、100%−1%=99%点といわれている。

解答

(1) 平均以上になる確率は、0.5000
(2) 21.00＝4.00＋2×8.50より、平均＋2×σ以上になる確率は、
　　0.0228
(3) −6.50＝5.50−12.00より、平均−1×σ以上になる確率は、
　　1−0.1587＝0.8413
(4) −14.00＝5.00−2×9.50より、平均−2×σ以上になる確率は、
　　1−0.0228＝0.9772
(5) 1.00＝4.50−3.50、8.00＝4.50＋3.50より、平均±1×σの範囲内に入る確率を求める。
　　よって、1−2×0.1587＝0.6826

5...9

リスクの年率換算

　1カ月当りの期待収益率が2％、標準偏差が1％であるとき、1年当りの期待収益率およびその標準偏差はどうなるか。計算を簡単にするため単利計算で考え、1カ月の日数の違いを考慮しないとすれば、期待収益率の年率は$2 \times 12 = 24$％でよい。しかし、標準偏差の年率は$1 \times 12 = 12$％とするのは間違いであり、$\sqrt{12}$倍しなければならない。これを簡単な数値例で確かめる。

例題...1

　あるポートフォリオの四半期（3カ月間）の収益率は、0.5ずつの確率で0％または1％になるという。このとき、

(1) 四半期収益率の期待収益率およびその標準偏差を求めよ。

(2) 年率の期待収益率および標準偏差を求めよ。ただし、計算を簡単にするため単利計算とする（年間の収益率は四半期の収益率4期分の合計とする）。

　なお、2項分布を利用すると、コインを4回投げたときに表裏の出方の起こりうる確率は下表のようになる。これを利用してよい。

コインを4回投げたときに…	確率
4回とも表が出る確率	1/16
表が3回、裏が1回出る確率	4/16
表が2回、裏が2回出る確率	6/16
表が1回、裏が3回出る確率	4/16
4回とも裏が出る確率	1/16

ヒント　2項分布の結果をこのポートフォリオの収益率に当てはめることができる。この場合、「4期とも0％になる」「4期のうち3期が0％、1

期が1％」「4期のうち2期が0％、2期が1％」「4期のうち1期が0％、3期が1％」「4期とも1％になる」の5通りが考えられる。年間収益率は4期の収益率の和とするため、それぞれの場合の年間収益率は、0％、1％、2％、3％、4％になる。したがって、確率は下表のとおり。

年間収益率（％）	確率
0	1/16
1	4/16
2	6/16
3	4/16
4	1/16

解答

(1) 期待収益率は、$0.5 \times 0.00 + 0.5 \times 1.00 = 0.50％$

期待収益率の分散は、

$$0.5 \times (0.00 - 0.50)^2 + 0.5 \times (1.00 - 0.50)^2 = 0.25％^2$$

よって、標準偏差は、$\sqrt{0.25} = 0.50％$

(2) ヒントの表より、期待収益率は、

$$1/16 \times 0.00 + 4/16 \times 1.00 + 6/16 \times 2.00 + 4/16 \times 3.00 + 1/16 \times 4.00$$
$$= 2.00％$$

期待収益率の分散は、

$$1/16 \times (0.00 - 2.00)^2 + 4/16 \times (1.00 - 2.00)^2 + 6/16 \times (2.00 - 2.00)^2$$
$$+ 4/16 \times (3.00 - 2.00)^2 + 1/16 \times (4.00 - 2.00)^2 = 1.00％^2$$

よって、標準偏差は、$\sqrt{1.00} = 1.00％$

参考 ●

(1)と(2)の結果を見比べると、期待収益率の年率は四半期収益率の4倍になっており、また、標準偏差の年率は四半期の2倍（＝$\sqrt{4}$倍）になっていることがわかる。

第5章　リスクの計算　　**265**

例題 2

(1) あるポートフォリオの月間収益率の標準偏差が2.50％のとき、標準偏差の年率の値（年間収益率の標準偏差）を求めよ。

(2) あるポートフォリオの１日当りの収益率の標準偏差が0.30％のとき、標準偏差の年率の値（年間収益率の標準偏差）を求めよ。

ヒント 月間収益率の標準偏差を年率にする場合には、$\sqrt{12}$倍すればよい。また、日次収益率の標準偏差を年率にする場合には、$\sqrt{365}$倍すればよい。

解答

(1) $2.50 \times \sqrt{12} = 2.50 \times 3.4641 = 8.66\%$

(2) $0.30 \times \sqrt{365} = 0.30 \times 19.1050 = 5.73\%$

参考

ヒントでは、日次収益率の標準偏差を年率にする場合には、$\sqrt{365}$倍すると説明したが、営業日を考慮して年率換算をする場合は、簡易的に$\sqrt{250}$倍することもある。

関連問題

●年率の標準偏差に関する誤解

例題１を次のように求めた人がいた。この計算は正しいといえるか。

年率の収益率は期間率の４倍だから、0.5ずつの確率で０％または４％になるので、期待収益率は２％となり、またその分散は、$0.5 \times (0-2)^2 + 0.5 \times (4-2)^2 = 4\%$となる。

よって標準偏差は、$\sqrt{4} = 2\%$

ヒント これは、「年間収益率の標準偏差」を「期間率を年率換算した値のばらつき」と取り違えた誤解である。実際、「月間収益率の年率換算が12倍ならば標準偏差も12倍だろう」と間違えるケースが多い。月間収益率の標準偏差の年率換算が$\sqrt{12}$になる理由は、分散の年率換算が12倍になるためである。これを説明するには、分散の和について次のような関係が成立することを利用すればよい。

$$V(R_1 + R_2 + \cdots\cdots + R_{12}) = V(R_1) + V(R_2) + \cdots\cdots + V(R_{12})$$

（ただし、R_iはi月の収益率であり、各月の収益率は互いに特殊な相関関係をもたないとする。）

詳しい証明は数学を必要とするので省略するが、年間収益率の標準偏差が月間収益率の標準偏差の12倍よりたしかに小さくなるということは、以下のように考えれば直感的に理解できる。

月間収益率が平均0％、標準偏差1％の正規分布に従うとする。ある月の収益率が1％以上となる確率は、0.1587である。仮に、年間収益率の標準偏差が1％×12倍＝12％であるとすると、年間収益率が12％以上となる確率は0.1587と考えられる。しかし、年間収益率が12％以上になるためには月間収益率が平均して1％以上を保たねばならず、これはある月の収益率が1％以上を達成するよりもはるかに困難なはずである。したがって、年間収益率が12％以上となる確率は0.1587よりも低くなるはずなので、仮定は誤りであることがわかる。

この考え方の根本には「投資期間を長くすると、収益率の高い期もあれば低い期もあるので、リスク軽減効果が働く」というものがある。これを**「リスクの時間分散効果」**という。

リスクの時間分散効果について注意しなければならない点がひとつある。それは、この考え方はあくまで年率の収益率のばらつきが小さくなるという意味であり、発生する収益や損失の金額のばらつきは、投資期間を長くするにつれて大きくなる点に気をつけたい。

5…10 回帰分析

　すでに説明したように、XとYの相関係数が＋1または－1のとき、データを散布図で表すと一直線上に並ぶ。また、完全に＋1や－1でなくともそれに近ければ、データの散布は想像上の一直線に見立てられる。この直線を**回帰直線**という。この直線は、Y＝a＋βXという1次関数の式になる。**回帰分析**の計算の基本は、この式を求めることである。この場合のXを**説明変数**、Yを**被説明変数**という。

　回帰直線を、Y＝a＋βXと表したとき、aとβは下記の式で求められる。

$$\beta = \frac{XとYの共分散}{Xの分散}$$

$$a = Yの平均 - \beta \times Xの平均$$

回帰式がXとYの関係をどの程度説明できているかを示す数値が、**決定係数**であり、下記の式で求められる。

$$決定係数(R^2) = 相関係数の2乗 = \frac{(XとYの共分散)^2}{Xの分散 \times Yの分散}$$

　説明変数のデータ系列は複数あってもかまわない。説明変数が複数ある場合を重回帰分析というが、本書では、説明変数が1個だけの場合（単回帰分析）のみについて説明する。

例題

　下表はある年の国内株式ポートフォリオの収益率およびベンチマーク収益率である。ベンチマーク収益率をX、ポートフォリオ収益率をYとして、
(1)　YのXに対する回帰直線を求めよ。
(2)　この回帰分析の決定係数を求めよ。
(3)　回帰直線を用いて、ベンチマーク収益率が5％のときのポートフォリ

オ収益率を推定せよ。

	ベンチマーク収益率（％）	ポートフォリオ収益率（％）		ベンチマーク収益率（％）	ポートフォリオ収益率（％）
1月	2.00	1.00	7月	－2.00	－2.00
2月	－3.00	－2.00	8月	－3.00	－1.00
3月	－1.00	－3.00	9月	2.00	0.00
4月	2.00	1.00	10月	1.00	1.00
5月	4.00	3.00	11月	1.00	2.00
6月	0.00	1.00	12月	0.00	－1.00

ヒント　回帰分析には、**最小2乗法**という手法が用いられる。これは、「Xの値から推定されるYの値」と「実際のYの値」の差ができるだけ小さくなるような直線を求めることである。下記のグラフにおいて差の部分（矢印の部分）をそれぞれ2乗した値の合計を最小化する直線が回帰直線である。

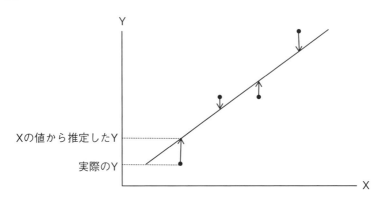

相関係数が＋1や－1に近いほど、XとYは散布図上で直線的な関係に近づき、回帰式の説明力が最大に近づくことはいうまでもない。

解答

(1)　Xの平均 $E(X)=0.25$　　　Yの平均 $E(Y)=0.00$
　　　Xの分散 $V(X)=4.35$　　　Yの分散 $V(Y)=3.00$

XとYの共分散Cov(X, Y) = 2.92

よって、直線の傾きは、 $\beta = 2.92 \div 4.35 = 0.67$

直線のY切片は、 $\alpha = 0.00 - 0.67 \times 0.25 = -0.17$

したがって、直線の式は、Y = -0.17 + 0.67X

(2) 決定係数　　$2.92^2 \div (4.35 \times 3.00) = 0.65$

(3) (1)の式にX = 5 を代入して、Y = -0.17 + 0.67 × 5 = 3.18%

─Microsoft Excel を用いて ─

　Excelには回帰分析のツールがある。Excel 2007以降の場合は、「Excelのオプション」の「アドイン」から「分析ツール」のなかの「回帰分析」を選択すればよい。

　単回帰分析の回帰式を自動表示させるには、関数を用いるほうが便利である。傾きを表す関数は**SLOPE**、Y切片を表す関数は**INTERCEPT**である。決定係数は、相関係数を 2 乗してもよいが、**RSQ**という関数もある。

	A	B	C
1	2	1	0.669856
2	-3	-2	-0.167464
3	-1	-3	0.651249
4	2	1	
5	4	3	
6	0	1	
7	-2	-2	
8	-3	-1	
9	2	0	
10	1	1	
11	1	2	
12	0	-1	

傾き　　　　セルC1の式：=SLOPE(B1:B12,A1:A12)

Y切片　　　セルC2の式：=INTERCEPT(B1:B12,A1:A12)

決定係数　　セルC3の式：=RSQ(B1:B12,A1:A12)

5…11

ベータ値

　ポートフォリオ収益率をベンチマーク収益率に回帰させて回帰直線を求めると、ベンチマーク収益率が1％上昇したときにポートフォリオ収益率は1％以上上昇するのか、あるいはそれ以下しか上昇しないのかがわかる。

　そのことがわかる指標を**ベータ値**と呼ぶ。ベータ値は回帰直線の傾き、つまり、$Y = \alpha + \beta X$の「**β**」と同じことである。すなわちベータ値は市場収益率を説明変数（X）、個別銘柄を被説明変数（Y）として回帰分析した場合の傾きに等しい。

　例題に入る前に、まずは前項（**5.10**）の例題を復習してみよう。(1)の解答より、回帰直線の傾き、すなわちベータ値は0.67であった。つまり、ベンチマーク収益率が1％上昇するごとに、ポートフォリオ収益率は0.67％上昇し、逆にベンチマーク収益率が1％下落するごとに、ポートフォリオ収益率は0.67％下落すると推測される。

　ある国内株式の銘柄Aに関する次のデータをもとに、銘柄Aの対TOPIX（東証株価指数）の60カ月ベータ値およびその決定係数を求めよ。

- ・TOPIXにおける過去60カ月の月間収益率の標準偏差　　　　5.00
- ・銘柄Aにおける過去60カ月の月間収益率の標準偏差　　　　7.00
- ・銘柄AとTOPIXにおける過去60カ月の月間収益率の共分散　30.00

　ヒント　ベータ値が1のとき、市場収益率が1％上昇するときにその銘柄の時価上昇率も1％であると推測できる。

　ベータ値が1より大きい場合は、市場が上昇するときにそれ以上の割合で上昇し、市場が下落するときにそれ以上の割合で下落するので、上げ相

第5章　リスクの計算

場に強い性質がある。

逆に、ベータ値が1より小さい場合は、市場が上昇する場合も下落する場合も動きが小さいため、下げ相場に強い性質がある。もっとも、データ量が十分でないと回帰分析の精度が悪くなるため、意味のある数字を計測することはできない。

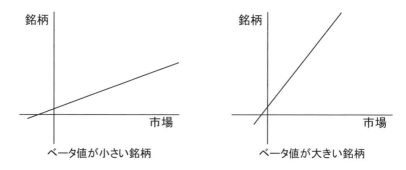

ベータ値が小さい銘柄　　　　ベータ値が大きい銘柄

ある銘柄のベータ値は、前項の回帰分析の β と同様に、次の式で表される。

$$\beta = \frac{市場収益率と銘柄の収益率の共分散}{市場収益率の分散}$$

ベータ値の決定係数は、回帰分析の決定係数と同じで、相関係数の2乗である。また、ポートフォリオのベータ値を求める場合には、銘柄ごとのベータ値を時価金額で加重平均すればよい。

解答

$\beta = 30.00 \div 5.00^2 = 1.20$

決定係数 $= \{30.00 \div (5.00 \times 7.00)\}^2 = 0.73$

参考

例題で計算したベータ値は、過去の収益率実績をもとに計算しているという意味で、「**ヒストリカルベータ**（歴史的ベータ・実績ベータ）」と呼ばれる。これに対して、1株当り利益や市場時価総額の規模といった企業経営等に関

するデータ（これらを「**ファンダメンタルズ**」と呼ぶ）に基づいて推測されたベータ値を、「**予測ベータ**（将来ベータ・推定ベータ）」という。なかでもBARRAモデルによる予測ベータが有名である。

また、ベータ値は、ある銘柄の投資収益率の市場収益率に対する感応度を表すことから、「市場感応度」ともいう。

関連問題　1

●過去60カ月ベータの問題点

ポートフォリオの過去60カ月平均ベータを算出する場合は、銘柄ごとの過去60カ月ベータ値を時価金額で加重平均すればよい。しかし、銘柄によっては過去2カ月しか実績データが存在しないものもある。このような銘柄はどのように処理すべきか。

ヒント　過去2カ月しか実績がないということは、回帰分析におけるデータが2点しかないことを意味するので、回帰直線の説明力は最大になる（2点を通る直線を引けば誤差はゼロ）が、直線そのものが不安定になる。ここでいう不安定とは、第3の点が生じたときに、直線の傾きが大きく変わる可能性があることである。

それでは何個の点が最低限必要なのかは一概にはいえない。なぜならデータの散らばり方にもよるからである。たとえば、下図のようにデータ数がいかに多くても、Xの値が集中していると、新しい点が増えたときに回帰式は大きく変動する。

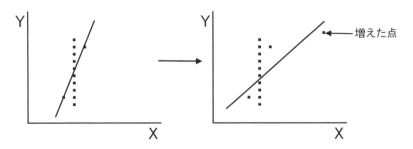

したがって、データ観測可能期間の短い銘柄は、そのばらつき等を考慮に入れつつ除外条件を適宜決めるべきである。

関連問題 2

● 予測ベータの特徴

BARRAモデルに代表されるような予測ベータは、歴史的ベータと比較してどのような特徴をもっているかを答えよ。

ヒント 将来ベータを予測する際の説明変数には、証券の発行体の最近の財務に関する情報（ミクロのファンダメンタルズ）や経済環境（マクロのファンダメンタルズ）および産業の動き（セクター動向）のデータが含まれており、これらが将来の証券価格の動きに影響を与えるという前提になっている。このような情報は、過去の収益率のみから算出されたヒストリカルベータには含まれていない。

過去の傾向がそのまま将来に当てはまるとは限らないため、過去の収益率のみを用いて算出したヒストリカルベータには欠陥がある。予測ベータは、この点を解決した指標ではあるが、市場感応度を正確に予測することもまた困難であり、現実には逆の動きをすることもある。ベータ値はあくまで参考数字と考えるほうがよい。

5-12 リスクの分解

「株式市場が暴落した」という場合に、大多数の銘柄の株価が大きく下落したことを意味するが、その下落幅は銘柄によって異なる。つまり、ある銘柄の株価の下落幅は、「株式市場の下落」という全銘柄共通の要素と、その銘柄特有の事情による部分とに分けて考えることができる。

同様に、ポートフォリオのリスク（収益率の分散）は、市場の影響を受ける部分（**システマティックリスク（市場リスク）**）と、個別銘柄から説明できる部分（**レジデュアルリスク（非市場リスク）**）に分解することができる。システマティックリスクおよびレジデュアルリスクは、次の式で求められる。

システマティックリスク＝ベータ値×市場収益率の標準偏差

$$= \frac{\text{市場収益率とポートフォリオ収益率の共分散}}{\text{市場収益率の標準偏差}}$$

ポートフォリオの分散＝システマティックリスク^2＋レジデュアルリスク^2

例題

次のデータをもとに、ポートフォリオのリスク（分散）を、システマティックリスク（市場リスク）とレジデュアルリスク（非市場リスク）の和に分解せよ。

- 市場のリスク（標準偏差）　σ_m　　　　　17.50%
- ポートフォリオのリスク（標準偏差）σ_p　17.25%
- 市場収益率とポートフォリオ収益率の共分散　290.00%^{2}

解答

ベータ値は、$290.00 \div 17.50^2 = 0.95$

よって、システマティックリスクは、$0.95 \times 17.50 = 16.57\%$

　レジデュアルリスクの2乗 $= 17.25^2 - 16.57^2 = 22.95$

よって、レジデュアルリスクは、$\sqrt{22.95} = 4.79\%$

参考 ●

　システマティックリスク（市場リスク）とは、ポートフォリオのリスクのうちで、市場そのものがもつリスクが原因で発生しているリスクのことである。逆に、レジデュアルリスク（非市場リスク）とは、市場とは独立して、ポートフォリオ独自の要因で発生しているリスク、つまり、十分に多くの銘柄に分散投資がしきれていないために起きるリスクのことである。したがって、システマティックリスク（市場リスク）とは、分散投資によって消去不可能なリスクであり、レジデュアルリスク（非市場リスク）とは、分散投資によって消去可能なリスクという見方もできる。

関連問題

●リスクの分解と銘柄数の関係

　ポートフォリオの銘柄数と、システマティックリスクとレジデュアルリスクの内訳には、どのような関係があると考えられるか。

ヒント　リスク軽減効果を狙った分散投資を行っている場合は、通常は銘柄数が増えるにつれて分散投資の効き目がよく現れ、レジデュアルリスクの占める割合は小さくなると考えられる。

　とはいえ、どんな場合でも銘柄数の多いポートフォリオほどシステマティックリスクの割合が大きいとは一概にはいえない。たとえば、TOPIX（東証株価指数）のような総合的な株価指数をベンチマークとする場合、小型株のように特定の性質をもつ銘柄ばかりを多く集めても、分散投資の効果は現れず、レジテュアルリスクの割合は大きいままである。

トラッキングエラー

トラッキングエラー（**TE**）とは、ポートフォリオ収益率がベンチマークからどの程度乖離する可能性があるかを示すリスク指標である。「**アクティブリスク**」という言葉も同じ意味である。

ベンチマークに追随することを目指す運用を「**パッシブ運用**」、または「**インデックス運用**」という。これに対して、ベンチマークの収益率を上回る成果を目指す運用を「**アクティブ運用**」という。アクティブ運用を評価する場合は、いかに小さいトラッキングエラーのもとで大きな超過収益率を得られたかを判断する。またベンチマークに連動することを目指したインデックスファンドの運用を評価する場合には、トラッキングエラーがいかに小さいかがポイントとなる。

トラッキングエラーを決める2大要素は、①銘柄ごとのオーバーウェイト・アンダーウェイト幅と、②市場における収益率の銘柄間のばらつきである。銘柄ごとのオーバーウェイト・アンダーウェイト幅を大きくすると、それだけ対ベンチマークのリスクをとっていることになり、TE値は大きくなる。また、この幅が同じでも、銘柄収益率間のばらつきが大きいほど、TE値も大きくなる。

将来において、対ベンチマーク超過収益率にどの程度ばらつきが生じる可能性があるかを、現在のポートフォリオから推定したものを「**推定トラッキングエラー**」という。通常はマルチファクターモデルを用いた推定値を用いる。正規分布を仮定した場合は、1年当りのポートフォリオの収益率は、約68％の確率でベンチマーク収益率±1×TEの範囲に、また約95％の確率でベンチマーク収益率±2×TEの範囲に収まる。

第5章　リスクの計算　277

ベンチマーク収益率が1％、トラッキングエラーが2％（ともに年率）のポートフォリオについて、年率のポートフォリオの収益率は、

約68％の確率で、（　　　）％～（　　　）％の範囲に収まり、

約95％の確率で、（　　　）％～（　　　）％の範囲に収まる。

解答

約68％の確率で、

$1 \pm 1 \times 2$ ％、

すなわち、-1 ％～ 3 ％の範囲に収まり、

約95％の確率で、

$1 \pm 2 \times 2$ ％、

すなわち、-3 ％～ 5 ％の範囲に収まる。

参考

トラッキングエラーは、対ベンチマーク超過収益率の標準偏差で計算される。トラッキングエラーの2乗を TE^2、ポートフォリオ収益率を R_P、市場収益率を R_m、ポートフォリオの分散を σ_p^2、市場の分散を σ_m^2、共分散を $Cov(R_P, R_m)$ とすると、

$TE^2 = (R_P - R_m)$ の分散

$= \sigma_p^2 + \sigma_m^2 - 2 Cov(R_P, R_m)$ ……………①

となる（この分散の展開式については統計学の本を参照）。

さらに、ベータ値を β、レジデュアルリスクを σ_{RES} として、

$\beta = Cov(R_P, R_m) / \sigma_m^2$ （**5.11**参照）

および、

$\sigma_p^2 = \beta^2 \sigma_m^2 + \sigma_{RES}^2$ （**5.12**参照）を利用すると、

$TE^2 = \sigma_p^2 + \sigma_m^2 - 2\beta \sigma_m^2$

$$= \beta^2 \sigma_m^2 + \sigma_{RES}^2 + \sigma_m^2 - 2\beta\sigma_m^2$$
$$= (\beta^2 - 2\beta + 1)\sigma_m^2 + \sigma_{RES}^2$$
$$= (\beta - 1)^2 \sigma_m^2 + \sigma_{RES}^2 \quad \text{\dotfill ②}$$

となる。

関連問題　1

● トラッキングエラーの意味

　トラッキングエラーの大きいポートフォリオには、どのような性質があるか。また、トラッキングエラーの小さいポートフォリオにはどのような性質があるか。

ヒント　　例題の［参考］の式②をみると、非市場リスクの値が同じであれば、理論的にはベータ値が1のときにトラッキングエラーは最小となり、1から上下に離れるにしたがってトラッキングエラーは大きくなることがわかる。つまり、ポートフォリオの収益率が市場の騰落率と連動していればいるほど、トラッキングエラーは小さくなる。市場が上昇したときにそれ以上に上昇するようなポートフォリオ、または市場ほど上昇しないポートフォリオは、トラッキングエラーが大きいといえる。

　　セクター構成比等が市場と大きく異なるポートフォリオや、銘柄数が少ない等の理由で構成銘柄に偏りのあるポートフォリオは、一般にトラッキングエラーが大きくなり、対ベンチマークのリスクを大きくとっているといえる。

　　例題でも示したとおり、たとえば「トラッキングエラーが3％」という意味を考えるには、**5.8**と同様に正規分布を想定すればよい。対ベンチマーク超過収益率の期待値を0％と仮定すると、「対ベンチマーク超過収益率が±3％の範囲を超える可能性は約3分の1」ということになる。

　　なお、トラッキングエラーについては、次項で繰り返し説明しているので、そちらも参照されたい。

関連問題　2

● 為替ヘッジとトラッキングエラー

　為替ヘッジを行う場合と行わない場合を比較して、トラッキングエラーがどのように違うかを答えよ。なお、ここでは外国債券または外国株式における、ヘッジなしの円ベースの収益率をベンチマークとした場合を考えることにする。

> （ヒント）　為替ヘッジには外国債券や外国株式のポートフォリオのリスクを低下させる働きがあるが、対ベンチマーク比較におけるリスクとしてのトラッキングエラーの場合は話が別である。
>
> 　円ベースの指数を用いたベンチマーク収益率は、為替の変動の影響を受ける数字である。為替が円安になれば、ベンチマーク収益率と為替ヘッジをしないポートフォリオの収益率はどちらも高くなる。逆に、為替が円高になれば、ベンチマーク収益率と為替ヘッジをしないポートフォリオの収益率はどちらも低くなる。つまり、為替がどちらに動いても両者は連動するので、対ベンチマーク比較においては、為替ヘッジをしないポートフォリオは為替リスクを負っていないということができる。
>
> 　ところが、為替ヘッジをする場合には、為替が大きく動いて、ベンチマーク収益率がプラスまたはマイナスに大きく傾いたとしても、ポートフォリオ収益率はそれほど高くも低くもならない。したがって、対ベンチマーク超過収益率は大きくプラスになったりマイナスになったりする。
>
> 　以上のことから為替ヘッジを行うことは、対ベンチマーク比較（ヘッジなしの円ベース）におけるリスク（トラッキングエラー）を高める動きがあるといえる。

5-14

実績トラッキングエラー

対ベンチマーク超過収益率のばらつきの度合いを、推定値ではなく実績値を用いて計算したものを「**実績トラッキングエラー**」という。

実績トラッキングエラーは、対ベンチマーク超過収益率の標準偏差より求められる（リスクの年率換算について説明した **5.9** 参照）。

下表をもとに、ポートフォリオAおよびポートフォリオBの実績トラッキングエラーを、期間率（月率）と年率の両方で求めよ。

	ポートフォリオA の収益率（％）	ポートフォリオB の収益率（％）	ベンチマーク 収益率（％）
4月	0.00	0.00	0.00
5月	0.00	3.00	3.00
6月	−1.00	−6.00	−7.00
7月	1.00	5.00	6.00
8月	2.00	5.00	4.00
9月	−1.00	−7.00	−6.00
10月	0.00	−4.00	−4.00
11月	1.00	9.00	8.00
12月	0.00	2.00	1.00

ヒント 個々のデータが月間収益率なので、このトラッキングエラーは1カ月当りのリスクということになる。年率換算するには、$\sqrt{12}$倍すればよい。もし個々のデータが日次収益率であるならば、年率換算は$\sqrt{365}$倍あるいは$\sqrt{250}$倍などする。この例題の場合は、9カ月分のデータしかないが、$\sqrt{9}$倍としてしまうと誤りなので注意すること。

解答

	ポートフォリオAの 対ベンチマーク超過収益率(%)	ポートフォリオBの 対ベンチマーク超過収益率(%)
4月	0.00	0.00
5月	− 3.00	0.00
6月	6.00	1.00
7月	− 5.00	− 1.00
8月	− 2.00	1.00
9月	5.00	− 1.00
10月	4.00	0.00
11月	− 7.00	1.00
12月	− 1.00	1.00

ポートフォリオAの超過収益率の標準偏差は、4.27%

年率にすると、$4.27 \times \sqrt{12} = 14.79\%$

一方、

ポートフォリオBの超過収益率の標準偏差は、0.79%

年率にすると、$0.79 \times \sqrt{12} = 2.72\%$

関連問題　1

●実績トラッキングエラーの問題点

　ベンチマーク超過収益率が、毎月のように大きくマイナスの値をとっているにもかかわらず、実績トラッキングエラーが小さい報告書をみた新入社員のA君が「超過収益率の絶対値が大きいということは、リスクを大きくとっているはずなのに、トラッキングエラーが小さいのはおかしいのではありませんか」といった。しかし、数字自体に計算ミスはなさそうである。どのように説明すれば納得させられるか。

ヒント　対ベンチマーク超過収益率の標準偏差をとるという意味では、実績トラッキングエラーは推定トラッキングエラーと同じ式である。しかし

ながら、推定トラッキングエラーと比較すると、実績トラッキングエラーはリスクをあまり的確に表さないことがある。

　極端な例を考えてみよう。ポートフォリオ収益率が毎月常に１％であり、ベンチマーク収益率が毎月常に２％であるとする。対ベンチマーク超過収益率は毎月常に－１％となり、標準偏差は当然０％になる。しかし、標準偏差が０％であることを理由に「このポートフォリオはリスクがゼロである」と説明するのはナンセンスである。ここに実績トラッキングエラーの落とし穴がある。

　「対ベンチマーク超過収益率は、その期待値を中心にプラス方向にもマイナス方向にも同じ分布でばらついている」という前提があって、はじめてトラッキングエラーはリスク指標としての意味をなす。ポートフォリオ収益率がベンチマーク収益率から乖離しているにもかかわらず、実績トラッキングエラーが非常に小さいとすれば、その原因として、計測期間が短すぎてデータがまんべんなく散らばっていないことにあると考えられる。このようにデータ量が十分でない場合には、この計算方法による実績トラッキングエラーはリスク指標として有意でないことがある。実際、数字を解釈する場合においても、「超過収益率の期待値が－１％で、それを中心に安定（低迷？）している」と考えるよりは、「超過収益率の期待値は、実際はもっと０％に近い位置にあるが、下にぶれた月が続いている」と考えるほうが現実的であろう。

　なお、実績トラッキングエラーを平均２乗誤差で計算する方法もある。

実績トラッキングエラー＝$\sqrt{(\text{対ベンチマーク超過収益率})^2\text{の単純平均}}$

　この計算方法は、対ベンチマーク超過収益率の絶対値が平均的にどの程度あったかを示しているため、相対リスクとしてのトラッキングエラーの意味がよりはっきり現れているといえる。もっとも、データ量が十分で、超過収益率の期待値がゼロに近い場合は、どちらの方法で計算しても結果は同じことである。

　下表をもとに、標準偏差を用いた実績トラッキングエラーと、平均二乗

第５章　リスクの計算　　**283**

誤差を用いた実績トラッキングエラーを求めてみる。

	ポートフォリオ 収益率（％）	ベンチマーク 収益率（％）	超過収益率（％）
4月	3.00	2.00	1.00
5月	3.00	2.00	1.00
6月	3.00	2.00	1.00
7月	3.00	2.00	1.00
8月	3.00	2.00	1.00
9月	3.00	2.00	1.00
10月	3.00	2.00	1.00
11月	3.00	2.00	1.00
12月	3.00	2.00	1.00

標準偏差を用いた実績トラッキングエラー

$$\sqrt{\{(1-1)^2 + (1-1)^2 + \cdots + (1-1)^2\} \div 9} = 0\% （非年率）$$

平均二乗誤差を用いた実績トラッキングエラー

$$\sqrt{(1^2 + 1^2 + \cdots + 1^2) \div 9} = 1\% （非年率）$$

　この場合、毎月１％のリスクをとった運用と考えるのが自然なので、
TE値は標準偏差による０％は実態にあわず、平均二乗誤差による１％と
するのが適切であろう。

関連問題　2

●絶対リスクと相対リスクの違い

　例題のポートフォリオAとポートフォリオBのうち、リスクが低いのはど
ちらかを答えよ。

ヒント　絶対リスク（ポートフォリオ収益率の標準偏差）と相対リスク（ト
ラッキングエラー）の違いを再確認する問題である。この問題は、「リス
ク」という言葉がどちらを指しているかによって答えが異なる。

●絶対リスクで考えた場合

　絶対リスクをそれぞれ計算すると、ポートフォリオAの標準偏差は

0.92％（年率では3.17％）、ポートフォリオBの標準偏差は5.16％（年率では17.87％）で、ポートフォリオAのリスクが小さい。

● **相対リスクで考えた場合**

実績トラッキングエラーをみると、ポートフォリオAは4.27％（年率では14.79％）、ポートフォリオBは0.79％（年率では2.72％）であるため、ポートフォリオBのリスクが小さい。

ポートフォリオAの月々の収益率をみると、市場の動きとは関係なく0％に近い値で推移している。ポートフォリオAの中身は、ベンチマークをあまり意識せずに価格変動の小さい銘柄が多く組み入れられていると考えられる。

ポートフォリオBの月々の収益率をみると、市場の収益率は毎月大きく変動しているなかで、ポートフォリオ収益率のほうもほぼそれに追随して推移しているため、超過収益率が小さくなりトラッキングエラーも小さくなっている。

ポートフォリオBが典型的なパッシブ運用であるのに対して、ポートフォリオAは、リスクをとってベンチマークとは異なる銘柄構成になっており、アクティブ運用の一種と考えられる。

絶対リスクと相対リスク（トラッキングエラー）のイメージは下図のようになる。

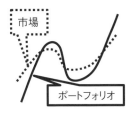

第5章　リスクの計算

「アクティブ運用はリスクが高い」という場合、これは通常、対ベンチマークの相対リスクの高さを意味している。

一方、「アクティブ運用は、パッシブ運用よりも絶対リスクが高い」といわれることもあるが、これは一般論としては誤りである。なぜなら、ポートフォリオAのように絶対リスクの小さいアクティブ運用もありうるからである。具体的には、食料品などベータ値の小さい銘柄（下げ相場に強いという意味で「ディフェンシブ銘柄」と呼ばれる）が相対的に多く組み入れられた株式ポートフォリオや、デュレーションが相対的に短い債券ポートフォリオなどがこれに該当する。

5-15 リスク調整後収益率

　人々は一般的に、大きなリスクを負担する場合はそれに見合う高い収益率を期待し、リスクが小さい場合には期待収益率は低くても仕方がないと考える。これが、リスクとリターン（収益率）のトレードオフ関係である。

　この関係に基づいて考えると、収益率が同じならば低いリスクでそれを達成するほうが優秀であるといえる。

　パフォーマンスの定量評価においては、収益率の大小のみで評価するのではなく、リスクを考慮に入れた1リスク当りの収益率を表す「**リスク調整後収益率**」として評価するのが一般的である。

　「リスク調整後収益率」は、収益率をリスクで割って求めることができる。

例題

　ポートフォリオA、Bの収益率と、収益率が発生する確率分布からどちらが高い評価だといえるかを答えよ。

ポートフォリオAの収益率　1.5%
ポートフォリオAの収益率が発生する確率分布

ポートフォリオBの収益率　2.0%
ポートフォリオBの収益率が発生する確率分布

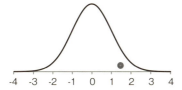
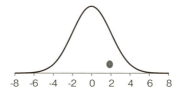

ヒント　収益率のみでポートフォリオのパフォーマンスの巧拙を比較すると、A＜Bとなる。しかし、それぞれのポートフォリオの収益率が発生す

第5章　リスクの計算

る確率分布をみると、ポートフォリオAが1.5％の収益率を達成するほう
が、ポートフォリオBが２％の収益率を達成するよりも困難であることが
わかる。ポートフォリオBの２％はポートフォリオAの１％に該当する。
これは、ポートフォリオBのリスクがポートフォリオAのリスクの２倍で
あることを意味する。

解答

　ポートフォリオAとポートフォリオBのリスクの比率は、確率分布から、
ポートフォリオBのリスクがポートフォリオAのリスクの２倍であることが
わかる。
　収益率をリスクで割ったリスク調整後収益率で比較すると、
　　ポートフォリオAは、1.5％÷１＝1.5
　　ポートフォリオBは、2.0％÷２＝１
よって、リスク調整後収益率の大きさはポートフォリオA＞ポートフォリオ
Bとなり、ポートフォリオBに比べてポートフォリオAの評価が高いといえ
る。

参考 ●

　ポートフォリオBはポートフォリオAと比べて、リスクの大きいポート
フォリオである。すなわち値動きの大きい証券を多く組み入れているなど、
高い収益率も低い収益率も出やすい性質をもつポートフォリオであるため、
ポートフォリオAと同じ高い収益率を達成できても、ポートフォリオAほど
高く評価されないのは当然といえる。

5...16

シャープレシオ

　リスク調整後収益率として代表的なものに、シャープレシオ（シャープの測度）とインフォメーションレシオ（情報レシオ）がある。ポートフォリオの絶対収益率を評価する場合には、**シャープレシオ**が用いられる。シャープレシオの式は、以下のとおりである。

$$\text{シャープレシオ} = \frac{\text{ポートフォリオの収益率} - \text{無リスク証券の収益率}}{\text{ポートフォリオの標準偏差}}$$

例題

　下表をもとに、ポートフォリオA〜Cのシャープレシオをそれぞれ求めよ。ただし、無リスク証券の収益率を0.50%とする。

	期待収益率（%）	リスク（%）
ポートフォリオA	2.00	2.50
ポートフォリオB	2.00	1.50
ポートフォリオC	2.30	3.00

　シャープレシオのように、収益率とリスクを総合的に考慮した指標を、リスク調整後収益率という。

ヒント　シャープレシオの式は次のグラフの傾きを意味し、1%のリスクの見返りとして、無リスク証券の収益率に何%上乗せできたかを示している。

　AとBの収益率は同じであるが、リスクが小さい分だけBの評価が高い。

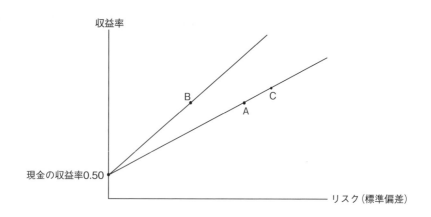

　AとCは同じ直線上にあるので、シャープレシオにおける評価は同じである。

　BとCではCの収益率が高いが、シャープレシオにおいてはBの評価が高い。

解答

ポートフォリオA　　$(2.00-0.50)\div 2.50 = 0.60$
ポートフォリオB　　$(2.00-0.50)\div 1.50 = 1.00$
ポートフォリオC　　$(2.30-0.50)\div 3.00 = 0.60$

参考

　計算式からわかるとおり、収益率がマイナスの場合には、リスクが大きいほどシャープレシオが大きくなってしまうが、この点については次項の関連問題を参照。

5...17

インフォメーションレシオ

　本項では、シャープレシオとともに、リスク調整後収益率の代表的な指標である、**インフォメーションレシオ**（情報レシオ）を紹介する。

　シャープレシオを計算する場合にはポートフォリオの絶対的な収益率を用いたが、それに対して、インフォメーションレシオの計算には対ベンチマーク超過収益率を用いる。

　インフォメーションレシオの式は、以下のとおりである。

インフォメーションレシオ

$$= \frac{\text{対ベンチマーク超過収益率の平均値（単純平均）}}{\text{実績トラッキングエラー}}$$

例題...1

　下表をもとに、このポートフォリオのインフォメーションレシオを年率で求めよ。実績トラッキングエラーの計算式は、対ベンチマーク超過収益率の標準偏差を用いることとする。計算を簡単にするために年率換算は単利を用い、1カ月の日数は一定と考えてかまわない。

	ポートフォリオ収益率（％）	ベンチマーク収益率（％）
4月	2.00	1.00
5月	0.00	1.00
6月	−3.00	−2.00
7月	2.00	4.00
8月	7.00	5.00
9月	−4.00	−6.00

第5章　リスクの計算　　291

解答

	ポートフォリオ 収益率（％）	ベンチマーク 収益率（％）	超過収益率（％）
4月	2.00	1.00	1.00
5月	0.00	1.00	−1.00
6月	−3.00	−2.00	−1.00
7月	2.00	4.00	−2.00
8月	7.00	5.00	2.00
9月	−4.00	−6.00	2.00

　上記の表より、

対ベンチマーク超過収益率の平均値（単純平均）は、0.17％

年率にすると、

$$0.17 \times 12 = 2.00\%$$

また、超過収益率の標準偏差は、1.57％

年率にすると、$1.57 \times \sqrt{12} = 5.45\%$

したがって、年率のインフォメーションレシオは、

$$2.00 \div 5.45 = 0.37$$

参考 ●

　インフォメーションレシオは、リターンとリスクを総合評価する指標のひとつで、小さいリスクでいかに高い収益率を実現できたかを表しているため、数値が高ければ高いほど効率的な運用であったと評価できる。

　トラッキングエラーが同じならば、超過収益率が高いほどインフォメーションレシオが大きくなる。超過収益率が同じならば、トラッキングエラーが小さいほどインフォメーションレシオが大きくなる（ただし、超過収益率がマイナスの場合は逆になる点については、関連問題を参照）。

　実務では、インフォメーションレシオの計算式の分母と分子ともに年率換算することでインフォメーションレシオを年率換算し、比較をすることが多い。

 2

ポートフォリオA、B、C、D、Eそれぞれインフォメーションレシオを計算し、インフォメーションレシオの観点から評価が高い順に並べよ。

ポートフォリオ	ポートフォリオ収益率（％）	ベンチマーク収益率（％）	超過収益率（％）	トラッキングエラー（％）
A	5.00	2.00	3.00	3.00
B	4.00	2.00	2.00	1.00
C	4.00	2.00	2.00	3.00
D	4.00	2.00	2.00	5.00
E	3.00	2.00	1.00	3.00

ヒント　横軸にトラッキングエラー、縦軸に超過収益率をとると、インフォメーションレシオで評価する場合は、グラフの左上にあるポートフォリオほど評価が高く、右下にあるポートフォリオほど評価が低くなる。

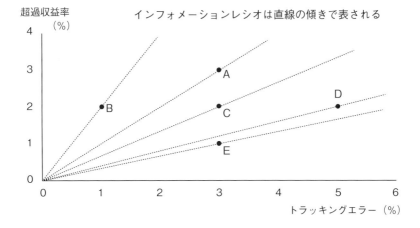

ポートフォリオごとにインフォメーションレシオを算出すると、下表のよ

うになり、インフォメーションレシオで評価するとB、A、C、E、Dの順に高い評価になる。

ポートフォリオ	インフォメーションレシオ
A	1.00
B	2.00
C	0.67
D	0.40
E	0.33

参考 •

　例題のポートフォリオは、超過収益率のみで評価する場合には、A、B＝C＝D、Eという順序で高い評価となり、インフォメーションレシオで評価した順位と異なることに注意する。

　インフォメーションレシオは、トラッキングエラーの水準に関係なく同一の確率分布を形成するので、異なるリスク目標をもつ複数のポートフォリオを比較評価することが可能である。

　一般的に、目安として次のようにいわれることが多い。

- インフォメーションレシオが0.5以上であれば、Good（良い）
- インフォメーションレシオが1以上であれば、Excellent（優秀）
- インフォメーションレシオが2以上であれば、Exceptional（例外的）

　通常インフォメーションレシオが0.5を上回れば、標準以上の運用能力があるとされる。

　理論的には、各ポートフォリオの収益率の間に相関係数がなく、平均超過収益率がゼロという前提を置くと、インフォメーションレシオの水準はデータ数（月次データを用いるのであれば、何カ月分のデータで測定するかということ）に依存するので、いくつ以上であればどの程度優秀かを一概にいうことはできない。さらに現実には、各収益率データは乱数として発生させたようなものではなく、さまざまな要因が加わるため、理論的に算出される確率分布どおりにインフォメーションレシオの値が観測されるわけでもない。

関連問題

●負のインフォメーションレシオ

ポートフォリオA、Bのインフォメーションレシオが下表である場合、運用に問題があったといえるのはどちらのポートフォリオか。

ポートフォリオ	超過収益率（%）	トラッキングエラー（%）	インフォメーションレシオ
A	−5.00	5.00	−1.00
B	−5.00	1.00	−6.00

ヒント　「同じ収益率ならリスクが小さいほうが高い評価であるべきである」と考えると、分子がマイナスの場合は、インフォメーションレシオが小さいポートフォリオの評価が高いことになる。

しかし、この数値例について考えると、いずれも超過収益率が−5％だが、トラッキングエラーはポートフォリオAがポートフォリオBの5倍になっている。

ポートフォリオAは、おそらく少数銘柄に集中投資したファンドで、ベンチマークに対して大きくリスクをとっている。その結果、超過収益率が大きくマイナスに出たことは不思議なことではない。

一方、ポートフォリオBはトラッキングエラーが小さいので、よほどのことがない限り大幅にアンダーパフォームすることはない。しかしながら、実際にポートフォリオAと同じアンダーパフォーム幅となったことから、運用能力にかなり問題があったと考えられる。

このように考えると、負のインフォメーションレシオについても、数値が大きいほど運用能力が高いと考えることができる。負のシャープレシオについても、考え方は同様である。

第5章　リスクの計算　　**295**

5...18

下方リスクとソルティノレシオ

　下落局面に強く、かつ上昇局面でも良好な収益率を達成するファンドを選ぶとき、ポートフォリオが下落したときのみの変動をリスクととらえる「**下方リスク**」を用いて、リスクに見合ったリターンが得られているかを判断する指標である「**ソルティノレシオ**」を用いる。

　ソルティノレシオがシャープレシオと異なる点は、相場が上昇したときの影響は計算から除外し、下落したときのみをリスクとみなす点である。この数値が大きいほど下方局面に強い傾向がある。ソルティノレシオの式は、以下のとおりである。

$$\text{ソルティノレシオ} = \frac{\text{ポートフォリオの収益率} - \text{無リスク証券の収益率}}{\text{ポートフォリオの下方リスク}}$$

　ソルティノレシオの下方リスクは、「ポートフォリオの収益率－無リスク証券の収益率」がマイナスだった月のみを用いた標準偏差である。

ポートフォリオAとBのシャープレシオとソルティノレシオをそれぞれ求めよ。ただし、無リスク証券（現金）の収益率を0.50%とする。

ポートフォリオ	ポートフォリオ収益率（%）	リスク（%）	下方リスク（%）
A	5.00	2.50	2.00
B	4.00	2.50	0.80

解答

シャープレシオ

ポートフォリオA　　（5.00 − 0.50）÷ 2.50 = 1.80

ポートフォリオB　　（4.00 − 0.50）÷ 2.50 = 1.40

ソルティノレシオ

ポートフォリオA　　（5.00 − 0.50）÷ 2.00 = 2.25

ポートフォリオB　　（4.00 − 0.50）÷ 0.80 = 4.38

参考 1

シャープレシオをみると、ポートフォリオAはポートフォリオBに比べて同じリスクでも高いリターンを上げているため、優れたポートフォリオといえる。

一方ソルティノレシオは、ポートフォリオAの下方リスクが2.00%とポートフォリオBに比べかなり大きくなっているため、ポートフォリオBのソルティノレシオが高くなり、ポートフォリオBの下方硬直性が高いといえる。

ソルティノレシオは、ヘッジファンドを評価する際によく用いられる指標である。

参考 2

リスク調整後収益率を、下表のようにまとめる。

シャープレシオがリスクに標準偏差を用いるのに対して、**トレイナーレシオ**では、ベータ（β）値を用いている。この数値が高いほどパフォーマンスの効率が良いとされる。ベータ（β）がリスク尺度として有効となるには、ポートフォリオが高度に分散されていることが要件となる。一般的には、マーケット連動ファンドにはトレイナーレシオが有効だが、そのほかのファンドではシャープレシオが適している。

第5章　リスクの計算　297

シャープレシオ	リスクに標準偏差を使用	$\dfrac{Rp - Rf}{\sigma(Rp)}$
ソルティノレシオ	リスクに下方リスクを使用	$\dfrac{Rp - Rf}{\sigma(Ru)}$
トレイナーレシオ	リスクにβを使用	$\dfrac{Rp - Rf}{\beta p}$
インフォメーションレシオ	リスクにTEを使用	$\dfrac{Rp - Rm}{TE}$

Rp：ポートフォリオの収益率

$\sigma(Rp)$：ポートフォリオの標準偏差

Rf：無リスク証券の収益率

$\sigma(Ru)$：ポートフォリオの下方リスク

Rm：市場全体の収益率

βp：ポートフォリオのβ

最大ドローダウン

　資産価値の下方変動、すなわち損失のみに着目したリスクの考え方のひとつに「**最大ドローダウン**」がある。
　ドローダウンとは、損失のことであり、最悪のタイミングで投資を行った場合にどの程度のマイナスの収益率、あるいは金額となりうるかを表した指標が最大ドローダウンとなる。

　ある投資信託の基準価額が、ある期間に下のグラフのように推移したとする。この期間の最大ドローダウン（収益率）を求めよ。

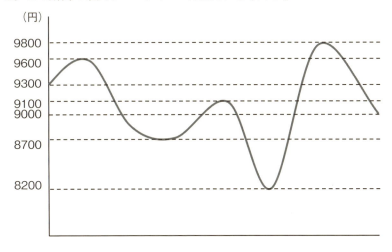

第5章　リスクの計算　　299

解答

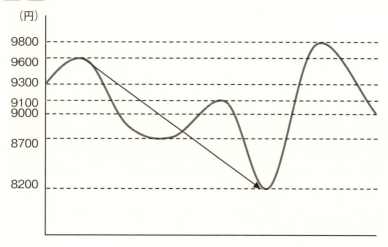

期中で値下がり率が最大となるのは、9,600円→8,200円の期間であるから、

　　最大ドローダウン＝8,200÷9,600－1＝－14.58％

参考

最大ドローダウンを金額で表すこともできる。

この投資信託を1,000口保有している場合の最大ドローダウンは、

　　(8,200－9,600)×1,000＝－1,400,000円。

金額ベースと収益率ベースで、最大ドローダウンの対象となる期間が異なることもありうる。

5...20

バリューアットリスク

　前項の最大ドローダウンは実際のポートフォリオの過去最大損失率（額）であるが、現在保有しているポートフォリオについて、マーケット（株価・金利・為替等）が予想と反対の方向へ動いた場合に、どの程度損失を被る可能性があるかを計算することができる。これを「**バリューアットリスク（VaR）**」といい、統計的手法を用いて、市場リスクの「**予想最大損失額**」を算出する指標である。

　バリューアットリスクは統計的手法を用いるため、「このポートフォリオのバリューアットリスクは10億円である」という表現だけではほとんど意味をもたず、保有期間と信頼区間を指定してはじめて意味のある数値となる。

例題 1

　ある資産が、保有期間T＝１日について、信頼区間X＝99％でバリューアットリスクが15億円である。このとき、保有期間１日間の評価損は、（　　）％の確率で最大（　　）億円に収まる。

ヒント

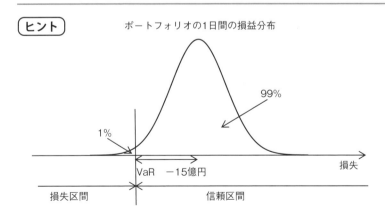

マーケットが正規分布に従うと仮定すると、バリューアットリスクは正規分布のうち信頼区間内における最大の損失額を表す。

解答

保有期間1日間の評価損は、99％の確率で最大15億円に収まる。しかし、100％－99％＝1％の確率で15億円以上の損失となる。

参考 •

保有期間調整をするための方法として、マーケットが正規分布に従うと仮定した場合、「ルートT倍法」という考え方を用いることができる。

保有期間T日間のVaR＝$\sqrt{T}$×保有期間1日のVaR

例題では保有期間1日間のVaRが15億円であったので、保有期間10日間のVaRは、$\sqrt{10}$×（－15）＝－47.43億円となる。

例題 ⋯ 2

ある資産の年率のリスクが3％であるとき、期間1年、信頼区間＝99％のバリューアットリスクを求めよ。なお、資産全体の金額は100億円とする。
（5.3の例題1を参考にすること）

ヒント　信頼区間が99％ということは、標準正規分布表においてK(x)が100％－99％＝1％＝0.01となるxを求めればよい。

標準正規分布表

x	K(x) (x以上になる確率)
2.0	0.0228
2.33	0.0100
2.5	0.0062

解答

標準正規分布表にてK(x) が0.01となる x は2.33。

したがって、

$$VaR = -2.33 \times 3\% \times 100億円$$
$$= -6.99億円$$

参考 ・・・・・・・・・・・・・・・・・・・・・・・・・・・・・・・・・

　バリューアットリスクは、過去の観測期間（通常1～5年程度）のヒストリカルデータから算出されるため、マーケットが平常時のリスク量を表す。そのため、マーケットが平常状態にあれば、損失額はバリューアットリスク以内に収まると考えられる。一方、マーケットがストレス状態になった場合には、バリューアットリスクを超える損失が発生してしまうことが考えられる。

　マーケットがストレス状態に陥ったときの損失額を把握するために、「**ストレステスト**」という考え方がある。予想最大損失額を考える際には、バリューアットリスクと同時に、ストレステストも考えるとよりリスクの把握ができることになる。

第5章　リスクの計算　　**303**

索　引

●A〜Z

AVERAGE	24
BPS	220
CORREL	253
COUNTIF	25
DURATION	198
EPS	220
GIPS	111
INTERCEPT	270
MAX	231
MDURATION	205
MIN	231
PBR	220
PER	220
PRODUCT	10
R^2	268
ROE	220
RSQ	270
SLOPE	270
SQRT	39
STDEV.P	237
STDEV.S	237
SUM	24
SUMIF	25
SUMPRODUCT	25
TE	277
VaR	301
YEARFRAC	184
YIELD	192
YIELDDISC	192

●あ行

アウトパフォーム	118
アクティブ運用	147, 277
アクティブリスク	277
アクティブリターン	118
アンダーウェイト	118
アンダーパー	189
アンダーパフォーム	118
イールドカーブ	210
移動平均法	91
インカム要因	169
インデックス	53
インデックス運用	277
インフォメーションレシオ	291
受渡日	104
受渡ベース	104
大型株	225
オーバーウェイト	118
オーバーパー	189
オリジナル・ディーツ法	88

●か行

カーブ効果	218
外貨建て資産	169
回帰直線	268
回帰分析	268
外国株式	72
外国債券	72
加重平均	22
株価収益率	220
株価純資産倍率	220
下方リスク	296

為替要因	169			

為替要因 169
為替レート 17
元本 14
幾何平均 38
幾何リンク 6
期間率 29
基準価額 49
期待収益率 238
期待値 238
逆イールド 210
逆相関 250
キャッシュフロー 67
キャピタル要因 169
業種 118
共分散 246
金額加重収益率 42
金利選択効果 213
グロース株 225
グローバル投資パフォーマンス基準
111

経過利息 66
決定係数 268
現金 72
現金主義 94
現在価値 40
厳密法 69
ゴールシーク 44
小型株 225
国内株式 72
国内債券 72
誤差 150
個別資産効果 138
個別法 91
コンベクシティー 206
コンポジット 26, 111

●さ行

最終利回り 183
最小2乗法 269
最大ドローダウン 299
先物取引 108, 173
差金決済 108
算術平均 38
残高積数 47
時価総額 14
時間加重収益率 11, 69
自己資本純利益率 220
資産 72
資産配分効果 138
市場リスク 275
指数 53
システマティックリスク 275
実現損益 91
実績トラッキングエラー 281
シャープの測度 289
シャープレシオ 289
収益再投資の効果 5
収益率 3
修正ディーツ法 86
修正デュレーション 203
修正BAI法 89
終利 183
種別選択効果 213
順イールド 210
証券要因 169
情報レシオ 291
将来価値 40
推定トラッキングエラー 277
スタイル 225
スティープ化 210
ストレステスト 303
スポットレート 208

索　引　**305**

正規化	162
正規分布	241
正の相関	250
セクター	118
セクター配分効果	119
説明変数	268
相関関係	249
相関係数	249
総合利回り	98
総利回り	98
ソルティノレシオ	296
損益	4
損失	4

●た行

単純平均	22
単利	5
中型株	225
超過収益率	55, 118
直接利回り	179
直利	179
ツイスト	211
ディーツ法	88
ディフェンシブ	286
デュレーション	193
デュレーション効果	218
投資対象ユニバース	55
投資パフォーマンス評価	55
トラッキングエラー	277
トレイナーレシオ	297

●な行

内部収益率	42
内部収益率リンク法	86
日次評価法	69
年率	29

●は行

パー	189
配当利回り	223
売買回転率	230
バタフライ	211
パッシブ運用	147, 277
パラレルシフト	211
バリューアットリスク	301
バリュー株	225
非市場リスク	275
ヒストリカルベータ	272
被説明変数	268
1株当り純資産	220
1株当り利益	220
非年率	29
評価損益	91
評価損益率	228
費用控除	49
費用控除後収益率	51
費用控除前収益率	51
標準正規分布	242
標準偏差	235
ファンダメンタルズ	273
フォワードレート	208
複合効果	124, 139
複合ベンチマーク	132
含み損益	91
複利	5, 31
複利内部収益率リンク簡便法	89
複利内部収益率リンク法	89
負の相関	250
フラット化	210
ブリンソン型要因分析	119
分散	235
分散投資	257
分配金	49

ベータ値	271
べき乗	35
ベンチマーク	55
ポートフォリオ	22
簿価	91

●ま行

前払費用	66
マコーレーのデュレーション	193
未実現損益	91
未収収益	65
銘柄選択効果	119
銘柄配分効果	143

●や行

約定日	104
約定ベース	104
要因分析	119
予想最大損失額	301

予測ベータ	273

●ら行

離散型確率分布	239
リスク	235
リスク軽減効果	257
リスク調整後収益率	287
リスクの時間分散効果	267
リターン	3
利付債	185
利回り	3
リンク	6
リンク誤差	145
ルートT倍法	302
レジデュアルリスク	275
連続型確率分布	239

●わ行

割引債	185

資産運用のパフォーマンス測定【第2版】
―ポートフォリオのリターン・リスク分析―

2018年8月8日　第1刷発行
2023年7月26日　第6刷発行
（2000年8月22日　初版発行）

編著者　アセットマネジメントOne
発行者　加　藤　一　浩
印刷所　株式会社日本制作センター

〒160-8520　東京都新宿区南元町19
発　行　所　一般社団法人 金融財政事情研究会
企画・制作・販売　株式会社き　ん　ざ　い
出　版　部　TEL 03（3355）2251　FAX 03（3357）7416
販売受付　TEL 03（3358）2891　FAX 03（3358）0037
URL https://www.kinzai.jp/

※2023年4月1日より企画・制作・販売は株式会社きんざいから一般社団法人
金融財政事情研究会に移管されました。なお連絡先は上記と変わりません。

・本書の内容の一部あるいは全部を無断で複写・複製・転訳載すること、および
磁気または光記録媒体、コンピュータネットワーク上等へ入力することは、法
律で認められた場合を除き、著作者および出版社の権利の侵害となります。
・落丁・乱丁本はお取替えいたします。定価はカバーに表示してあります。

ISBN978-4-322-13280-9